Der Unternehmerische

Airbnb Gastgeber-Anleitung

Super Gastgeber Ihr Weg zur persönlichen und finanziellen Freiheit. Generieren Sie Reichtum mit unserer Insider Schritt für Schritt Anleitung zur Schaffung eines Millionen Euro Airbnb Business

Inhaltsverzeichnis

SEO Hack #16: Fügen Sie ein Foto von einzigartigen Formen und interessanten Gegenständen in Ihrem Eigentum hinzu.

SEO Hack #17: Optimieren Sie Ihren nächtlichen Preis

SEO Hack #18: Bitten Sie Ihre Freunde, Ihren Eintrag auf ihrer Wunschliste hinzuzufügen.

SEO Hack #19: Stellen Sie sicher, dass Ihr Foto auf mobilen WohnungsWohnungseinheiten gut aussieht.

SEO Hack #20: Verlinken Sie Ihr Airbnb Listing mit Ihren Social Media Accounts.

SEO Hack #21: Holen Sie sich einen beliebten Blogger, um Ihr Eigentum zu präsentieren.

SEO Hack #22: Zusammenarbeit mit Ihren lokalen Tourismusbeauftragten

Kapitel Zusammenfassung und Ihr Aktionsplan

Kapitel 7 – Seien Sie ein Superstar Gastgeber: Erhalten Sie Fünf-Sterne-Bewertungen und erhalten Sie mehr Buchungen.

Superstar Gastgeber-Tipp #1: Seien Sie freundlich und machen Sie einen guten ersten Eindruck.

Superstar Gastgeber Tipp #2: Erstellen Sie einen detaillierten Reiseführer.

Superstar Gastgeber Tipp #3: Einen Reiniger mieten

Superstar Gastgeber Tipp #4: Lernen Sie Ihre Gäste kennen und geben Sie ihnen, was sie brauchen.

Superstar Gastgeber Tipp #5: Seien Sie proaktiv.

Superstar Gastgeber Tipp #6: Erscheinen Sie nicht unangekündigt.

Superstar Gastgeber Tipp #7: Haben Sie genügend Handtücher.

Superstar Gastgeber-Tipps #8: Optimieren Sie Ihre Zeit

Superstar Gastgeber Tipp #9: Aktualisieren Sie immer Ihre Fotos und Beschreibungen.

Superstar Gastgeber Tipp #10: Experimentieren sie!

Einführung

Airbnb war früher eine kleine schrullige Website, die es Reisenden ermöglicht, gegen eine Gebühr in den Häusern der Einheimischen zu bleiben. Aber bald wurde es populär, weil es billigere und gemütlichere Unterkünfte bietet. Es ermöglicht auch Reisenden, Städte wie ein Einheimischer zu erleben.

Heute hat sich Airbnb als Marktführer in der Kurzzeitvermietung etabliert. Bis 2018 hatte es 150 Millionen Benutzer und mehr als 600.000 Gastgeber. Es hat über vier Millionen Einträge und ist mit fast $40B (36 Mrd. Euro) bewertet. Dies ist der Grund, warum jetzt der richtige Zeitpunkt ist, sich dem kurzfristigen Mietmodell anzuschließen.

Ein Airbnb Gastgeber zu werden kommt mit vielen Vorteilen. Sie lernen Menschen aus allen Lebensbereichen kennen, so dass Sie mehr über verschiedene Kulturen erfahren werden. Sie können Ihre Stadt auch in den Augen der Touristen sehen, so dass Sie alle erstaunlichen Sehenswürdigkeiten in Ihrer Nähe schätzen lernen. Es verbessert auch die Fähigkeiten Ihrer Mitarbeiter. Außerdem ist es eine gute Ausrede, um überfällige Hausverbesserungen vorzunehmen.

Aber, ein Airbnb Gastgeber zu sein ist nicht mehr so einfach wie früher. Da es mehr als eine halbe Million anderer Gastgeber gibt, müssen Sie danach streben, sich hervorzuheben. Sie müssen Ihre Gastgeber-Fähigkeiten verbessern und bei Bedarf Änderungen in Ihrem Zuhause vornehmen.

Dieses Buch ist Ihr ultimativer Leitfaden, um ein Airbnb super Gastgeber zu werden. Es enthält Insider-Tipps, Strategien und Hacks, die Sie verwenden können, um Ihre Einnahmen zu maximieren und Erfolg in der kurzfristigen Vermietungsbranche zu erzielen. In diesem Buch werden Sie lernen:

- ✓ Was ist Airbnb und wie wurde es gegründet?
- ✓ Die wichtigsten Dinge, die Sie wissen müssen, bevor Sie Ihre Immobilie auf Airbnb listen.
- ✓ Die Eigenschaften erfolgreicher Airbnb Gastgeber
- ✓ So machen Sie Ihr Wohnungseinheit "Airbnb ready" fit
- ✓ Tipps, die Sie verwenden können, um attraktive Fotos von Ihrer Airbnb Wohnungseinheit zu machen.
- ✓ So werden Sie ein Kurzzeit-Mietmogul
- ✓ 22 SEO-Techniken, mit denen Sie Ihre Buchungen erhöhen können.
- ✓ Wie Sie Ihr Angebot optimieren und seine Sichtbarkeit erhöhen können
- ✓ Wie Sie Ihren USP oder Ihr Alleinstellungsmerkmal präsentieren und Ihre Buchungen erhöhen können.
- ✓ Wie Sie Ihre Wohnungseinheit wettbewerbsfähig bewerten können
- ✓ 15 Foto-Hacks, mit denen Sie Ihre Immobilie hervorheben können.

- ✓ Dekorationstipps, die Sie verwenden können, um die Ästhetik Ihrer Airbnb-Wohnungseinheit zu verbessern.
- ✓ Wie Sie Ihren Zielgruppe bestimmen können
- ✓ Die Kriterien, um ein Super Gastgeber zu werden.
- ✓ 14 Superstar-Gastgebert-Tipps, mit denen Sie Ihren Mitbewerbern einen Schritt voraus sein können.
- ✓ Insider-Tipps, die Ihnen helfen können, mehr Buchungen und positive Bewertungen zu erhalten.
- ✓ Was tun, wenn Sie eine negative Bewertung erhalten?
- ✓ Und noch mehr!

Dieses Buch hat auch verschiedene Checklisten, mit denen Sie Ihr Zuhause verbessern und die besten Annehmlichkeiten bieten können. Es enthält Tipps und Strategien, die Ihnen helfen können, ein kurzfristiger Mietsuperstar zu werden und das Verdienstpotenzial Ihres Hauses zu erhöhen.

Also, worauf warten Sie noch? Nehmen Sie einen Bissen vom Airbnb-Kuchen und beginnen Beginnen Sie Ihre Reise in Richtung finanzielle Freiheit und ausgeglichendes Leben.

Danke, dass Sie dieses Buch heruntergeladen haben, ich hoffe, es gefällt Ihnen!

Teil I - Airbnb 101

Dieser Teil des Buches spricht über alles, was Sie über Airbnb wissen müssen – wie Airbnb gegründet wurde, wie Airbnb Ihnen helfen kann, zusätzliches Geld zu verdienen, was Sie wissen müssen, bevor Sie Gastgeber werden, und wie Sie Ihr Eigentum vorbereiten können.

Kapitel 1 - Die Vorteile, ein Airbnb Gastgeber zu sein.

Im Jahr 2006 wurde der Film "The Holiday" veröffentlicht. Es spielt Cameron Diaz, Kate Winslet, Jack Black und Jude Law. Der Film handelt davon, dass Menschen die Häuser für die Feiertage tauschen.

Die Idee wirkt damals wild, seltsam und etwas phantasievoll. Warum sollten Sie einem Fremden erlauben, in Ihrer Wohnung zu bleiben, während Sie im Urlaub sind? Während der Film erstaunlich war, war seine Prämisse ein wenig Siemm. Es ist etwas, das im wirklichen Leben wahrscheinlich nicht passieren wird.

Aber heute ist die Prämisse von The Holiday nicht mehr sonderbar. Tatsächlich vermieten mehr als 600.000 Menschen auf der ganzen Welt ihre Wohnungen über eine Website namens Airbnb an Fremde.

Airbnb und seine Geschichte

Airbnb ist eine Website, die es Immobilienbesitzern ermöglicht, ihr Zimmer, ihre Wohnung, ihr Haus oder ihre Villa zu vermieten. Es ermöglicht den Menschen, Gemeinschaftsräume, Privaträume oder das ganze Haus zu vermieten.

Dieser Online-MarktWohnungseinheit ist in den letzten Jahren immer beliebter geworden, weil die meisten Räume, die Sie in diesem erstaunlichen System finden können, billiger sind als Hotels. In der Tat, die meisten Reisenden können so viel wie 35 Euro pro Tag Sierch Airbnb sparen.

Airbnb ist auch sicher und hat eine Vielzahl von Angeboten. Es gibt einfache Apartment Zimmer. Sie können auch luxuriöse Zimmer oder einzigartige Lebensräume wie Schlösser, Kunsthäuser, Iglus, Baumhäuser, Yachten, Bungalows und sogar Penthäuser finden.

Vor allem aber bietet Ihnen Airbnb etwas, was viele Hotels nicht tun - es ermöglicht Ihnen, wie ein Einheimischer zu leben. Also, im Wesentlichen, es gibt Ihnen eine reichere und interessantere Erfahrung.

Airbnb wurde 2007 von Brian Chesky, Joe Gabbia und Nathan Blecharczyk gegründet. Brian und Joe sind InSiestriedesigner, die gerade von New York nach San Francisco gezogen sind. Damals kämpften beide darum, über die Runden zu kommen.

Im selben Jahr fand in San Francisco die InSiestrial Designers Society of America statt. Viele Delegierte haben es schwer, eine Unterkunft zu finden, da die meisten Hotels bereits gebucht waren. So kauften Brian und Joe Luftmatratzen und verwandelten ihre Wohnung in ein "Bed and Breakfast".

Sie starteten bald eine Website namens airbnbbreakfast.com, aus der später Airbnb wurde. Und der Rest, wie man so schön sagt, ist Geschichte.

Bis 2018 ist Airbnb 38 Milliarden Euro wert (34 Mrd. Euro). Es gibt mehr als fünf Millionen Einträge und mehr als 160 Millionen Ankünfte.

Wissen Sie, was das Beste an Airbnb ist? Es ermöglicht Reisenden, viel Geld zu sparen, und es gibt den Einheimischen die Möglichkeit, mit ihren leeren und ungenutzten Räumen Geld zu verdienen. Es ist eine Win-Win-Situation, oder? Außerdem wird dadurch auch die Tourismusbranche gestärkt.

Warum sollten Sie Airbnb Gastgeber werden?

Ein Airbnb Gastgeber zu werden kommt mit vielen Vorteilen, einschließlich:

1. *Sie werden zusätzliches Geld verdienen.*

Maya war früher Ihnenektorin eines großen IT-Unternehmens in Texas. Und so verdiente sie genug, um ein Haus mit drei Schlafzimmern in der Innenstadt von Dallas zu kaufen, aber sie benutzt nur eines.

Nachdem sie 16 Jahre lang in der IT-Branche gearbeitet hatte, entschied sie sich, ihren Job aufzugeben und einer Leidenschaft aus der Kindheit nachzugehen - dem Schreiben. Es war schwer, weil sie nicht so viel verdiente wie damals, als sie noch in der Unternehmenswelt war. Also beschloss sie, ihre beiden leeren Zimmer auf Airbnb zu listen.

Ihr Eintrag war wegen seiner hervorragenden Lage gefragt. Also, Maya verdient jetzt mindestens 2900 Euro im Monat.

Airbnb kann eine große Quelle von zusätzlichen Einnahmen sein. Es kann Ihnen helfen, Ihre Rechnungen und Schulden zu begleichen. Es hilft Ihnen auch, finanzielle Freiheit zu erlangen und zu tun, was Sie wollen. Sie verdienen mehr Geld, indem Sie die Gäste pro Nacht belasten, die nur Ihre Immobilie gegen eine monatliche Gebühr vermieten.

2. *Sie werden die Kontrolle über Ihre Zeit haben.*

Airbnb ist eine gute Quelle für passives Einkommen. Das bedeutet, dass Sie Geld verdienen, auch wenn Sie nichts tun. Es hilft im Wesentlichen, die Kontrolle über Ihr wertvollstes Gut – Ihre Zeit - zu behalten.

Mit einem Airbnb-Unternehmen können Sie jederzeit reisen. Sie sind Ihr eigener Chef, also können Sie wählen, wie Sie Ihre Zeit einteilen, und Ihren Leidenschaften nachgehen. Sie müssen sich keine Sorgen um Kundenwünsche oder Fristen machen. Sie sind frei wie ein Vogel.

3. Es ist eine gute Ausrede, um Ihr Haus zu renovieren und aufzuwerten.

Wir alle wollen unseren persönlichen Bereich ab und zu verbessern. Aber manchmal ist es einfach nicht praktisch. Als Airbnb Gastgeber ist es eine gute Ausrede, Ihrem Haus ein wenig Makeover zu geben.

4. Sie werden neue Leute kennenlernen.

Natalie ist schon lange auf der Suche nach Liebe. Nach einer Weile wurde sie mit der Tatsache konfrontiert, dass die Entdeckung der Romantik vielleicht nicht in ihrem Schicksal liegt.

Dann fing sie an, ihr anderes Zimmer zu vermieten. Sie traf neue Leute, erkundete verschiedene Orte und wurde selbstbewusster. Eines Tages buchte ein australischer Surfer namens Chris ihr anderes Zimmer. Natalie bot an, ihn Sierch die Stadt zu führen, und sie verliebten sich schließlich.

Das beste daran ein Airbnb Gastgeber zu sein, ist, dass es Ihnen Gelegenheiten gibt, neue Freunde zu bilden und die Kultur anderer Leute zu kennenzulernen. Wer weiß, vielleicht finden Sie auch Ihre große Liebe.

5. Es ist ein großartiges Werkzeug für die persönliche Entwicklung.

Ein Airbnb Gastgeber zu sein ebnet den Weg für persönliches Wachstum. Es hilft Ihnen, geselliger zu werden. Es verbessert auch Ihr Gastgebering (und sogar Ihre Innenarchitekturfähigkeiten).

Sie werden auch ab und zu anspruchsvolle und unzufriedene Gäste treffen, was Ihre GeSield und Ihren Kundenservice stärkt.

Die wichtigsten Vorteile von Airbnb

Airbnb ist wahrscheinlich eine der wunderbarsten technologischen Kreationen des 21. Jahrhunderts. Es ist benutzerfreundlich, man muss kein Tech-Genie sein, um es zu benutzen. Hier ist eine Liste aller anderen Vorteile der VerwenSieng von Airbnb zur Vermietung Ihrer Immobilie:

1. *Es ist flexibel.*

Sie können wählen, an welchen Tagen die Immobilie zur Miete zur Verfügung steht. Wenn Sie z.B. Verwandte haben, die für ein paar Wochen zu Ihnen nach Hause kommen, können Sie diese Tage im Kalender sperren, damit Sie die Wohnungseinheit für sie speichern können.

2. *Sie lernen Ihre Gäste kennen.*

Wenn Sie Ihr Hotel leiten, haben Sie nicht die Möglichkeit, sich mit Ihren Gästen zu treffen und sie kennenzulernen.

Mit Airbnb können Sie ein wenig über Ihre Gäste erfahren, bevor sie bei Ihnen zu Hause bleiben. Sie können auch ihre Rezensionen lesen und wenn Sie gute bekommem, warden Sie schließlich regelmäßige Gäste haben.

3. *Der Airbnb-Markt wächst weiter.*

Mehr Menschen reisen, weil der Flugpreis in den letzten Jahren billiger geworden ist. So wächst die kurzfristige Vermietungsbranche weiter.

4. *Airbnb hat eine Primärhaftpflichtversicherung von bis zu 1 Million Euro.*

Manchmal passiert das Unerwartete - Ihr Reiniger stiehlt die Brieftasche Ihres Gastes oder Ihr Gast stiehlt Ihren Fernseher. Mach Ihnen keine Sorgen. Airbnb wird Ihren Verlust decken. Das Gastgeber Protection Program des Unternehmens deckt bestimmte Arten von Sachschäden ab.

Airbnb hat auch Ihren Rücken für den Fall, dass Sie verklagt werden, weil Ihr Gast in der Badewanne verletzt wurde.

Dinge, die Sie wissen und tun sollten, bevor Sie ein Airbnb Gastgeber werden.

Ein Airbnb Gastgeber zu sein ist fantastisch. Es ermöglicht Ihnen, mehr Geld zu verdienen und neue Leute kennenzulernen. Es ist auch ein guter Weg, um in die faszinierende Gastronomie- und Tourismusbranche einzusteigen.

Aber, ein Airbnb Gastgeber zu sein, ist nicht immer einfach. Es geht auch um Verantwortlichkeiten und Risiken. Hier ist eine Liste der Sachen, die Sie beachten sollten, bevor Sie Ihr Airbnb Geschäft beginnen:

1. Überprüfen Sie Ihre lokalen Gesetze.

Airbnb ist großartig, aber leider haben einige Städte strenge Regeln für Airbnb-Mieten. Wenn Sie zum Beispiel in Paris wohnen, können Sie Ihre Wohnung oder Ihr Apartement nur für 120 Tage im Jahr vermieten.

San Francisco ermöglicht seinen Bewohnern, ihre Wohnungen über Airbnb nur für bis zu 90 Tage im Jahr zu vermieten. Los Angeles ist ein stark steuerpflichtiger Ort für Gastgeber.

Um Bußgelder, Freiheitsstrafen oder hohe Gebühren zu vermeiden, müssen Sie Ihre lokalen Airbnb-Gesetze überprüfen, bevor Sie Ihr Eigentum auflisten.

Hier ist eine Liste von Städten mit strengen Vorschriften:

- ✓ New York
- ✓ San Francisco
- ✓ Santa Barbara
- ✓ Denver
- ✓ Atlanta
- ✓ Paris
- ✓ Berlin
- ✓ Mallorca
- ✓ Las Vegas
- ✓ Reykjavik
- ✓ Charleston, South Carolina, Südafrika
- ✓ Barcelona
- ✓ Santa Monica
- ✓ New Orleans
- ✓ Tokio und andere Städte in Japan

Wenn Sie in diesen Städten leben, kann es riskant sein, ein Airbnb-Unternehmen zu gründen.

2. Sie sollten wissen, dass es Dinge gibt, die nicht Sierch die Airbnb-Versicherung abgedeckt sind.

Airbnb kann bis zu 1.000.000.000 $ für größere Sachschäden zahlen. Aber, Sie sollten wissen, dass diese Garantie nicht für bestimmte Arten von Eigenschaften, wie Kunstwerke, Sammlerstücke und Schmuck gilt. Sie müssen Ihre Wertsachen abschließen

3. Überprüfen Sie Ihren Hypothekenvertrag.

Ein Hypothekenvertrag verhindert, dass Sie Ihr Haus vermieten, bis es vollständig bezahlt ist. Also, überprüfen Sie Ihren Wohnungs- oder Hypothekenvertrag, bevor Sie Ihre Immobilie auf Airbnb listen. Sie wollen später keine Probleme mit der Bank haben.

4. Sie müssen darüber im Klaren sein, was Ihren Ziele sind.

Viele Leute verdienen jeden Monat riesige Mengen an Geld auf Airbnb. Aber es ist nicht für jeden das selbe. Wenn Sie nur zusätzliche 200€ oder 300€ pro Monat verdienen wollen, können Sie einfach in saubere Laken und Handtücher investieren.

Aber, wenn Sie mehr als 1000€ im Monat verdienen wollen, muss Ihr Raum gemütlich, schön und "ungrafisch" sein. Sie müssen bereit sein, viel Geld für die Vorbereitung Ihrer WohnWohnungseinheit auszugeben. Auch müssen Sie bereit sein, viel Zeit damit zu verbringen, Ihre Airbnb-Seite zu verwalten und Gäste zu unterhalten.

Von Anfang an muss man sich über viele Dinge im Klaren sein. Ist Airbnb Gastgebering ein Nebengeschäft oder wollen Sie es zu einem vollen Geschäft machen? Wie viel wollen Sie damit verdienen? Wie viel Zeit können Sie für Ihr Gastgebering einplanen? Werden Sie Ihr Haus vermieten oder neue Immobilien für Ihr Airbnb-Geschäft kaufen?

Klare Ziele geben Ihnen einen starken Orientierungssinn. Es hilft Ihnen auch, klügere Entscheidungen zu treffen.

5. Sie müssen für das Gastgebertum gebaut sein.

Airbnb Gastgebering ist nicht für jeden geeignet. Um einen großen Erfolg auf Airbnb zu erzielen, müssen Sie organisiert sein. Sie müssen unternehmerisch denken und über ausgezeichnete Fähigkeiten im Kundenservice verfügen.

Sie müssen auch ein wenig gesellig sein und bereit sein, Ihre Gäste besser kennenzulernen. Sie müssen auch leidenschaftlich an der Instandhaltung und Verwaltung von Immobilien interessiert sein.

6. Finde heraus, welche Art von Gastgeber Sie werden wollen.

Es gibt drei Haupttypen von Airbnb Gastgeber, so dass Sie zuerst herausfinden müssen, welche Art von Gastgeber Sie sein möchten:

✓ Der Opportunist

Der Opportunist ist ein Gastgeber, der nur dann bereit ist, seinen Wohnungseinheit zu vermieten, wenn er ihn nicht nutzt. Diese Art von Gastgeber will nur ein paar hundert Euro mit Airbnb verdienen. Diese Art von Airbnb ist nicht auf kontinuierlichen Erfolg im Airbnb Gastgebertum ausgerichtet.

✓ Der Gastgeber mit stabilen Einkommen

Der Gastgeber mit stabilen Einkommen zielt darauf ab, ein Wohnungseinheitliches, stetiges monatliches Zusatzeinkommen von Airbnb zu generieren.

Diese Art von Gastgeber hat in der Regel einen Nebenjob, will aber konsequent zusätzliche Einnahmen aus seinen ungenutzten Flächen und Grundstücken generieren.

✓ Der florierende Unternehmer

Unternehmer nehmen das Gastgebertum sehr ernst. Sie kaufen Immobilien ausschließlich zu dem Zweck, sie auf Airbnb und anderen kurzfristigen Vermietungsplattformen zu vermieten. Sie investieren auch viel Zeit in die Gestaltung, Dekoration und Vermarktung ihrer Wohnungseinheiten.

Eine klare Vorstellung davon, was Sie als Airbnb Gastgeber erreichen wollen, gibt Ihnen einen starken Orientierungssinn. Es hilft Ihnen, wichtige Entscheidungen zu treffen, wie z.B. wie viele Immobilien Sie vermieten und wie viel Zeit Sie bereit sind, auf Airbnb zu verbringen.

7. Verstehen Sie, dass Airbnb stressig sein kann.

Sie müssen auf Nachrichten reagieren und Ihre Kunden überprüfen. Außerdem kann es ab und zu ein paar Überraschungen und Notfälle geben. Airbnb kann an dem einen oder anderen Tag sehr stressig sein. Seien Sie also immer darauf vorbereitet.

8. Ihre Stromrechnungen können in die Höhe schnellen.

Wenn Sie in einem Hotel wohnen, werden Sie nicht viel darüber nachdenken, Energie zu sparen, oder? Nun, Airbnb-Gäste kümmern sich nicht wirklich darum, dass ihr Gastgeber am Ende mit einer Stromrechnung von 1000 € rechnen muss. Stellen Sie also sicher, dass Sie Schilder wie "Schalten Sie das Licht aus, wenn Sie es nicht benutzen" oder "Schalten Sie die Klimaanlage/Heizung aus, wenn Sie das Haus verlassen" anbringen.

Seien Sie nicht so impulsiv. Wenn Sie Airbnb zum ersten Mal testen, werden Sie es sofort so verlockend finden, dass Sie am Ende sofort Ihre Immobilie auflisten werden. Fallen Sie nicht in diese Falle. Sie müssen herausfinden, ob die Vermietung von kurzfristigen Immobilien in Ihrer Nähe legal ist. Die Nichteinhaltung Ihrer lokalen Gesetze kann zu hohen Bußgeldern führen.

Auch müssen Sie verstehen, dass es Einschränkungen geben wird, wenn Sie in einem subventionierten oder mietkontrollierten Gebäude wohnen. Es ist wichtig, mit Ihrem Hausverwalter, Vermieter, der Hausbesitzergemeinschaft und der Wohnungsgenossenschaft zu klären, was Sie dürfen und was nicht.

Außerdem müssen Sie beachten, dass das Einkommen, das Sie mit Airbnb verdienen, steuerpflichtig ist. Sie müssen auch andere Kosten berücksichtigen, wie z.B. Poolservice, Landschaftsbau, Reparaturen, Stromrechnungen und Reinigungsdienste. Nehmen Sie also nicht an, dass Sie alles, was Sie mit dieser Website verdienen, mit nach Hause nehmen dürfen.

Wie viel können Sie mit Airbnb verdienen?

Airbnb ist eine großartige Möglichkeit, mehr Geld zu verdienen. aber wie viel genau können Sie mit diesem Online-MarktWohnungseinheit verdienen? Nun, die Antwort hängt von verschiedenen Faktoren ab, wie z.B.:

- ✓ *Lage* - Die Lebenshaltungskosten in einem ländlichen Gebiet sind günstig. Wenn sich Ihre Wohnungseinheit in einem ländlichen Gebiet befindet, können Sie nicht viel dafür verlangen. Aber, wenn sich Ihre Wohnungseinheit in Philadelphia, Atlanta, Jersey, Santa Barbara, Miami oder Beverly Hills befindet, können Sie jeden Monat Tausende von Euro verdienen.

- ✓ *Die Größe Ihrer Immobilie* - Vermieten Sie nur ein Zimmer? Sie listen Ihr gesamtes Haus oder vermieten eine ganze Villa? Ihr monatliches Airbnb-Einkommen hängt stark von der Größe Ihrer Immobilie ab.

- ✓ *Die Natur Ihrer Immobilie* - Haben Sie ein einfaches englisches Ferienhaus, eine Studio-Wohnung oder vermieten Sie ein Haus oder eine Penthouse-Wohnung? Offensichtlich ist die Miete einer Penthouse-Wohnung viel höher als eine einfache Wohnung, die 30 Minuten vom Zentrum der Stadt entfernt ist.

- ✓ *Die Annehmlichkeiten Ihrer Wohnungseinheit* - Wenn Ihre Wohnungseinheit über großartige Annehmlichkeiten verfügt, werden Sie höchstwahrscheinlich großartige Bewertungen haben und mehr Menschen würden an Ihrer Stelle bleiben wollen.

- ✓ *Ihre Gastgeber-Fähigkeiten* - Sind Sie erreichbar und sympathisch? Sind Sie hilfreich? Gehen Sie noch eine Meile weiter, um Ihren Gästen ein tolles Erlebnis zu bieten?

✓ *Wettbewerb* - Wenn Sie in einem Ort mit vielen Gastgeberels und preiswerten Hotels leben, werden Sie es schwer haben, Ihre Airbnb-Einnahmen zu maximieren.

Um Ihre Airbnb Einnahmen zu maximieren, ist es eine gute Idee, ein ganzes Haus oder eine Eigentumswohnung zu vermieten. Sie sollten auch erstklassige Annehmlichkeiten bieten, die Hotels in der Nähe übertrumpfen. Sie müssen Ihren Gästen ein unvergessliches Erlebnis zu bieten.

Kapitel Zusammenfassung und Ihr Aktionsplan

Airbnb ist eine großartige Online-Kurzzeitvermietungsplattform, mit der Sie Geld aus Ihrer Immobilie verdienen können. Ein Airbnb Gastgeber zu werden hat viele Vorteile.

Aber, es gibt einige Sachen, die Sie tun müssen, bevor Sie Ihr Eigentum auf Airbnb verzeichnen. Sie müssen sich an Ihre örtliche Wohnungs- und Vermietungsbehörde wenden und die Gesetze Ihrer Stadt zur kurzfristigen Vermietung überprüfen. Dies wird Ihnen helfen, hohe Bußgelder zu vermeiden. Sie müssen auch Ihren Hypothekenvertrag überprüfen und mit Ihrem Vermieter Rücksprache halten, um Probleme zu vermeiden.

Auch müssen Sie Ihre Ziele aufschreiben. Welche Art von Airbnb Gastgeber möchten Sie werden? Möchten Sie nur ein paar hundert Euro verdienen oder wollen Sie sich ein großes kurzzeitvermietungs- imperium aufbauen?

Sobald Sie sich im klaren über Ihre Ziele sind behalten Sie diese immer im Auge. Sie können diese auf ein Blatt papier nieder schreiben auf Ihren Schreibtisch legen und täglich lesen. Auf diese Weise haben Sie ein klares Gefühl dafür, was Sie als Airbnb Gastgeber erreichen wollen.

Kapitel 2 – Wie Sie Ihre Wohnungseinheit für Airbnb bereit machen

Vorbereitung ist der Schlüssel zum Erfolg. Sie können Ihre Immobilie nicht einfach auf Airbnb einstellen, sobald Sie sich entscheiden, Gastgeber zu werden. Sie müssen zuerst an viele Dinge denken. Was ist Ihre Zielgruppe? Welche Art von Ambiente soll Ihre Wohnungseinheit ausstrahlen? Vermieten Sie ein Zimmer oder ein ganzes Haus? Was würden Sie alles tun, um Ihre Wohnungseinheit in ein hotelähnliches Paradies zu verwandeln? Was möchten Sie Ihren Gästen anbieten?

In diesem Kapitel werden wir diskutieren, was es braucht, um ein erfolgreicher Airbnb Gastgeber zu werden. Wir werden auch einen Schritt-für-Schritt Prozess besprechen, mit dem Sie Ihre Wohnungseinheit vorbereiten können.

Tue was funktioniert: Was braucht es, um ein erfolgreicher Airbnb Gastgeber zu sein?

Airbnb ist eine großartige kurzfristige Vermietungsplattform. Es kann Ihnen helfen, Tausende (wenn nicht sogar Millionen) von Euro pro Jahr zu verdienen. Aber Sie sollten wissen, dass es in der Gastronomie einen harten Wettbewerb gibt. Sie müssen mit B&Bs (Bread and Breakfast), Motels, lokalen Hotels und Resorts konkurrieren. Sie müssen auch mit einer Reihe anderer Airbnb Gastgeber in Ihrer Nähe konkurrieren. Dies ist der Grund, warum Ihre Wohnungseinheit auffallen sollte.

Bleiben Sie in den lokalen WohnungsWohnungseinheiten in Ihrer Nähe, um andere Gastgeber zu beobachten. Sie können auch in Airbnb Immobilien übernachten, wenn Sie in eine andere Stadt oder ein anderes Land reisen. Notieren Sie die Dinge, die Ihnen gefallen und die Ihnen nicht in jeder Wohnungseinheit gefallen, in der Sie bleiben. Dies wird Ihnen helfen, die besten Praktiken zu übernehmen und die schlechten zu vermeiden.

Aber, Sie sollten beachten, dass die meisten erfolgreichen Airbnb Gastgeber die folgenden Annehmlichkeiten bieten:

1. *Home WiFi* - Wir alle wollen auf Reisen nichts verpassen, also ist Home-Wifi ein Muss. Auch die meisten Menschen, die Airbnb verwenden, sind digitale Nomaden, so dass dies ein nicht verhandelbarer Gegenstand ist.

2. *Kamin* - Wenn Sie an einem kalten Ort wie Vancouver, Aarhus, Harbin oder Winnipeg arbeiten, ist ein Kamin von Vorteil. Dadurch wird auch Ihre Stromrechnung deutlich geringer ausfallen. Ein Kamin kann auch ästhetischen Wert zu Ihrer Wohnungseinheit hinzufügen. Außerdem ist es romantisch.

3. *TrainingsWohnungseinheite* - Wir leben in einer von Instagrammern besessenen Welt, also wollen wir alle unser Bestes geben. Wir alle wollen fit sein. Aus diesem Grund ist es gut, in Trainingshilfen und -Wohnungseinheite zu investieren.

4. *Kaffeemaschine* - Wer liebt keinen Kaffee? Es hält uns wach und steigert unsere Produktivität. Es senkt auch das Risiko von Diabetes. Eine Kaffeemaschine spart Ihren Gästen ein paar Euro und sie werden Sie dafür lieben.

5. *Schreibtisch oder Arbeitsbereich* - Viele digitale Nomaden nutzen den Airbnb-Service. Es ist also ratsam, in einen Schreibtisch zu investieren, an dem Ihr Gast mit seinem Laptop eine ruhige Zeit verbringen kann. Achten Sie auch darauf, ein paar Stifte und einen Block Papier zu hinterlassen.

6. *Bügeleisen und Bügelbrett* - Niemand will mit zerknitterter Kleidung ausgehen, oder? Also, stellen Sie Ihren Gästen ein Bügeleisen und ein Bügelbrett zur

Verfügung. Hinterlassen Sie auch eine Notiz darüber, wo es sich befindet und wie man es benutzt.

7. *Nachttisch und Leselampe* - Viele Leute lesen, wenn sie nicht schlafen können, also ist es toll, einen Nachttisch und eine Leselampe neben dem Bett aufzustellen. Ihre Gäste können ihr Telefon oder ihren Laptop auf den Nachttisch legen, bevor sie schlafen gehen.

8. *Pool* - Ein Pool zu haben ist definitiv ein Pluspunkt. Aber, wenn Sie keinen haben, keine Sorge. Sie können einfach in eine Badewanne und eine Hinterhofsauna investieren.

9. *Heizung und Klimaanlage* - Um diese fünf Sterne zu erhalten, benötigen Sie ein "state of the art" HAVC-System, das Ihre Gäste an Wintertagen warm und an Sommertagen kalt halten kann. Ein effizientes HAVC-System kann Ihnen viel Geld sparen. Es verbessert den Luftstrom in Ihrem Haus und erhöht auch den Wiederverkaufswert Ihrer Immobilie.

10. *Fernsehen mit Satelliten-Kabel* - Es gibt Tage, an denen die Gäste nur in ihrem Zimmer bleiben und fernseh schauen wollen. Stellen Sie also sicher, dass Ihre Wohnungseinheit über einen Fernseher und ein Satelliten-Kabel verfügt.

11. *Toilettenartikel in Reisegröße* - Reisende haben nur begrenzten Gepäckraum. Es ist also eine gute Idee, reisegroße Toilettenartikel zur Verfügung zu stellen, die sie während des Aufenthalts bei Ihnen zu Hause benutzen können. Sie brauchen nur ein paar Flaschen für das Shampoo Ihrer Gäste, flüssige Badeseife und Lotion kaufen.

12. *Decken* - Erfolgreiche Airbnb Gastgeber investieren in der Regel in große Decken. Kaufen Sie hochwertige Baumwoll- und Wanddecken. Und halten Sie immer eine extra saubere Decke bereit, falls Ihre Gäste eine brauchen.

Erfolgreiche Airbnb-Unternehmer haben auch die folgenden gemeinsamen Eigenschaften:

1. *Sie investieren in mehr als eine Immobilie.*

Sie können nicht viel Geld mit Airbnb verdienen, wenn Sie nur ein Schlafzimmer vermieten. Die Immobilienmenge spielt eine große Rolle für Ihren Erfolg in der kurzfristigen Vermietungsbranche.

Werde groß oder geh nach Hause. Anstatt nur einen Raum zu vermieten, können Sie einige wenige Eigentumswohnungen oder Ferienhäuser kaufen und vermieten.

2. Sie haben Immobilien in bester Lage.

Sie können nicht viel Geld auf Airbnb verdienen, wenn sich Ihre Immobilie nicht in einem touristischen Ziel befindet. Wenn Sie also ein großer und erfolgreicher Kurzzeitvermieter sein wollen, sollten Sie in Immobilien in Großstädten investieren. Laut AIRDA ist es am besten, in Immobilien in Chicago, Union City, Miami, Seattle, Astoria, Brooklyn, Honolulu, San Francisco, Cambridge, San Diego und Washington DC zu investieren. Wir werden das später besprechen.

3. Sie haben gut aussehende Eigenschaften.

Erfolgreiche Airbnb-Unternehmer verstehen, dass es einfach nicht genügt, gute Annehmlichkeiten zu haben. Ihre Wohnungseinheiten haben in der Regel eine hohe Decke, eine Terrasse, einen fantastischen Blick, eine Sauna, eine Marmorküche und eine tolle Beleuchtung. Ihr Haus muss auch eine einzigartige Architektur haben.

4. Sie bieten ein individuelles Erlebnis.

Erfolgreiche Airbnb Gastgeber legen nochmal was drauf, um ihren Gästen ein individuelles Erlebnis zu bieten. Das bedeutet, dass sie mehr tun, als in den immobiliendetails drinne steht.

Sie studieren ihre Gäste gut und schlagen dann Aktivitäten aus lokalen Erfahrungen vor, die der Gast gerne machen würde.

Nehmen wir Denise als Beispiel. Sie lebt in einer tropischen Stadt und vermietet zwei Eigentumswohnungen. Vor der Ankunft ihrer Gäste überprüft sie deren Profil und studiert deren Interessen. Dann erstellt sie eine Liste von Orten, Aktivitäten und Restaurants, die den Wünschen ihrer Gäste entsprechen. Aus diesem Grund erhielt Denise begeisterte Kritiken und erreichte schließlich den Super Gastgeber-Status, den wir später diskutieren werden.

Bevor Sie Ihre Reise als Airbnb Gastgeber beginnen, ist es wichtig, erfolgreiche Gastgeber sorgfältig zu beobachten. Sie müssen sie studieren oder in ihrer Wohnungseinheit bleiben. Auf diese Weise können Sie ihre besten Praktiken übernehmen und große Erfolge erzielen.

So bereiten Sie Ihre Airbnb-Wohnungseinheit vor

Da Sie jetzt bereits wissen, wie Airbnb funktioniert und wie Sie ein erfolgreicher Gastgeber sein können, ist es an der Zeit, Ihre Wohnungseinheit vorzubereiten. Nachfolgend finden Sie eine Schritt-für-Schritt-Anleitung, mit der Sie Ihre Wohnungseinheit für Ihre Gäste vorbereiten können.

Schritt 1: Bestimmen Sie Ihre Zielgruppe

Es ist unmöglich, allen zu gefallen. Also, um gute Bewertungen zu erhalten und ein erfolgreicher Airbnb-Unternehmer zu sein, müssen Sie bestimmen, was Ihre Zielgruppe ist. Möchten Sie digitale Nomaden oder reisende Studenten anziehen? Möchten Sie Familien, Paare oder Alleinreisende ansprechen? Möchten Sie preiswerte Reisende oder große Geldgeber gewinnen?

Hier ist eine Liste der verschiedenen Airbnb-Märkte, auf die Sie sich konzentrieren können:

1. *Paare*

   Ja, Paarreisen sind jetzt eine Sache. Also, wenn Sie diesen Markt ansprechen wollen, müssen Sie ein hochwertiges Doppelbett haben. Ihre Wohnung muss gemütlich und auch romantisch sein. Es kann am Strand oder auf dem Gipfel des Berges sein.

Wenn Sie Paare ins Visier nehmen, müssen Sie damit rechnen, dass in Ihrer Airbnb-Wohnungseinheit viel Action passiert. Also, Sie müssen in ein bequemes Bett und hochwertige Bettdecken investieren.

Sie können auch eine Wohnungseinheit mit Terrassen und einem kleinen Pool bauen, damit sich die Gäste wie in ihrer eigenen kleinen Privatvilla fühlen.

2. Reisende Solo Damen

Mehr Frauen reisen allein durch die Welt. Einzelreisende ziehen es in der Regel vor, in einer Airbnb-Wohnungseinheit zu übernachten, weil es billiger ist als in einem Hotel. Dies ist also eine gute Zielgruppe.

Viele alleinreisende Frauen sind auf Instagram. Also, Ihre Wohnungseinheit muss "unplanbar" sein. Das bedeutet, dass es auf Fotos gut aussehen sollte. Sie sollten schöne florale Decken haben.

Sie können Ihr Haus mit Plastikblumen oder Zimmerpflanzen dekorieren. Es ist auch eine gute Idee, in Luxusvorhänge zu investieren (Frauen lieben fabelhafte Vorhänge).

Stellen Sie Lavendel oder Ylang-Ylang riechende Toilettenartikel bereit. Frauen mögen diese Düfte normalerweise. Außerdem sollte Ihre Wohnungseinheit sauber und sicher sein. Installieren Sie ein Türschloss, das von innen abschließt, damit sich Ihre Gäste sicher fühlen.

3. Reisende Solo Männer

Viele Gastgeber denken, dass männliche Alleinreisende pflegeleicht sind. Das ist nicht ganz richtig. Einige männliche Alleinreisende können anspruchsvoller sein und haben hohe Ansprüche an der Unterkunft.

Sie könnten einen Basketball oder besser noch eine PS4 bereit stellen. Ihr Gast wird Ihnen sicherlich eine fünf Sterne Bewertung geben.

4. Digitale Nomaden

Vorbei sind die Zeiten, in denen Menschen ausschließlich im Büro arbeiten. Heute haben eine Reihe von Autoren, IT-Profis, Blogger, Internet-Superstars, YouTuber und Marketern die Möglichkeit, von zu Hause oder von überall auf der Welt aus zu arbeiten. Tatsächlich führen immer mehr Unternehmer ihr Geschäft auch auf Reisen. Diese Menschen werden als digitale Nomaden bezeichnet.

Digitale Nomaden sind immer auf dem Vormarsch und suchen immer nach einer günstigeren Unterkunft. Dies ist der Grund, warum die meisten reisenden digitalen Nomaden Airbnb benutzen.

Um digitale Nomaden zu erreichen, müssen Sie eine starke Internetverbindung mit WiFi haben. Es ist auch wichtig, einen Schreibtisch mit einem Computer, ein paar Stiften und einem Block Papier auszustatten.

Digitale Nomaden schauen normalerweise nicht fern. Solange es einen Computer und einen Internet Anschluss gibt, sind sie zufrieden.

Beachten Sie, dass die meisten digitalen Nomaden häufig Social Media nutzen. In der Regel dokumentieren sie ihre Reisen. Einige von ihnen veröffentlichen sogar Videos ihrer Abenteuer auf YouTube. Sie müssen also sicherstellen, dass Ihre Wohnungseinheit in Videos und Fotos gut aussieht.

5. Eine Gruppe von Freunden

Viele Menschen reisen in Gruppen. Wenn Sie Reisegruppen ansprechen wollen, müssen Sie eine ganze Eigentumswohnung, ein Haus oder eine Villa anbieten. Sie müssen viel über das Innere Ihrer Wohnungseinheit nachdenken. Sie müssen auch mehrere Betten pro Zimmer haben, besonders wenn Sie große Reisegruppen bedienen.

6. Familien

Man sagt, dass eine Familie, die zusammen reist, eine engere Bindung hat. Nun, das könnte stimmen. Aber eines ist sicher. Immer mehr Familien erkunden gemeinsam die Welt.

Wenn Sie diesen Markt ansprechen wollen, müssen Sie ein ganzes Haus, eine Villa oder eine Wohnung vermieten. Ihr Wohnungseinheit muss über ein geräumiges Wohnzimmer verfügen. Sie müssen einen Fernseher in Familiengröße und mehrere Badezimmer haben. Sie müssen auch ein Arbeitszimmer eine Küche und einen achtsitzigen Esstisch haben.

Auch für Kinder sollte die Wohnungseinheit gut geeignet sein. Vielleicht können Sie ein kleines Innenzelt einbauen, in dem die Kinder spielen und schlafen können. Sie können auch ein paar ausgestopfte Spielzeuge hinterlassen, mit denen die Kinder spielen können.

7. Geschäftsreisende

Die meisten Geschäftsreisenden buchen in der Regel ein Hotel, da sie es dem Firmenkonto belasten können. Aber, viele von ihnen beginnen auch, Airbnb zu benutzen.

Diese Menschen reisen zur Arbeit, also wollen sie einfach nur etwas Bequemes und Schönes, um nach einem langen Tag mit Seminaren, Konferenzen, Messen oder Geschäftstreffen nach Hause zu gehen.

Wenn Sie Geschäftsreisende ansprechen, halten Sie Ihre Wohnungseinheit einfach. Benutzen Sie viele Erdfarben. Investieren Sie in ein paar klassische Möbelstücke und lassen Sie Ihre Wohnungseinheit wie ein Hotel aussehen. Es ist auch wichtig, einen Schreibtisch zur Verfügung zu stellen, falls Ihr Gast an Berichten und Geschäftspräsentationen arbeiten muss.

Einen Avatar für potenzielle Kunden erstellen

Ein potenzieller Avatar ist ein Marketinginstrument, das viele erfolgreiche Unternehmen nutzen. Es ist im Grunde genommen eine imaginäre Person, die Ihren idealen zukünftigen Gast oder Kunden repräsentiert.

Die Erstellung eines potenziellen Avatars hilft Ihnen, Ihre Zielgruppe zu bestimmen. Es ermöglicht Ihnen auch, eine Marketingkampagne zu erstellen, die sich auf Ihre potenziellen Kunden konzentriert.

Um einen potenziellen Avatar zu erstellen, müssen Sie über die Eigenschaften Ihrer potenziellen Gäste nachdenken, einschließlich:

- ✓ Alter - Möchten Sie junge Studenten oder Reisende mittleren Alters ansprechen?

- ✓ Ausbildung - Glauben Sie, dass Ihr Ort Abiturienten oder solche mit einem Master-Abschluss anziehen würde?

- ✓ Einkommensniveau - Möchten Sie normale Mitarbeiter oder einkommensstarke Unternehmer anziehen?

- ✓ Familienstand - Ist Ihr idealer Interessent ledig oder verheiratet?

- ✓ Ziele - Was ist das Ziel Ihres potenziellen Kunden? Will er Geld sparen oder legt er Wert auf Qualität und hervorragende Erfahrung?

- ✓ Hobbys - Möchten Sie Menschen anziehen, die gerne surfen oder sich für Handwerk oder Kunst begeistern? Bevorzugen Sie sportliche Menschen oder Strandgammler?

- ✓ Persönlichkeit - Möchten Sie freigeistige Menschen oder ernsthafte, motivierte Menschen gewinnen? Welche Hoffnungen und Ängste haben Ihre potenziellen Gäste?

Nachdem Sie herausgefunden haben, wer Ihr potenzieller Kunde ist, finden Sie nun ein Foto von einer Person, die Ihrem idealen potenziellen Kunden bei Google entspricht. Drucken Sie das Foto aus und geben Sie Ihrem Avatar einen Vor- und Nachnamen. Dann schreiben Sie eine Beschreibung Ihres Avatars neben dem Foto. Zum Beispiel:

"Karla ist eine 35-jährige Kommunikationstrainerin aus New York. Sie ist Single. Sie liebt es zu reisen. Sie hat einen entspannten Stil. Sie ist eine harte Arbeiterin und sitzt in ihrer Freizeit gerne am Strand."

Integrieren Sie das Foto und die Beschreibung auf Ihrem Schreibtisch und betrachten Sie es jedes Mal, wenn Sie eine Marketingkopie für Ihre Airbnb-Wohnungseinheit schreiben.

Schritt 2: Stellen Sie sicher, dass Sie die besten Annehmlichkeiten haben.

Sie können keine herausstechenden Airbnb Bewertungen erhalten, wenn Sie nur die grundlegenden Annehmlichkeiten anbieten. Bevor Sie überhaupt Ihre Immobilie auf Airbnb auflisten, sollten Sie sicherstellen, dass Sie die grundlegenden Annehmlichkeiten, die in einem Hotel wie saubere Bettwäsche, Toilettenpapier, Handtücher, Bügeleisen (und vollwertiges Bügelbrett) und zusätzliche Schlüssel haben.

Es ist auch eine gute Idee, zusätzliche Zahnbürsten und einen Haartrockner im Badezimmer zu lassen. Das kann Ihnen zusätzliche $10 pro Nacht einbringen. Bevorraten Sie sich auch mit hochwertigen Shampoos und Seifen.

Hier ist eine Liste von Annehmlichkeiten. Eine Checkliste, die Sie verwenden können, um Ihren Gästen die besten Annehmlichkeiten zu bieten:

1. Ein hochwertiges Bett - Dies ist das wichtigste. Die Gäste wollen sich einfach nur hinlegen und eine gute Nacht schlafen. Sie müssen nach einem bequemen Bett suchen. Investieren Sie in eine weiche Matratze, die auch eine gute Stütze bietet. Sie müssen auch hochwertige Kissen kaufen.
2. Badetücher - Pro Gast müssen 2 Badetücher zur Verfügung gestellt werden. Sie sollten auch Strandhandtücher mitbringen, wenn Sie eine Strandhandtücher besitzen.
3. Toilettenpapier - Der Preis für ein hochwertiges Toilettenpapier ist in der Regel nur wenige Cent höher als der Preis des normalen. Also, sparen Sie nicht bei diesem Thema.
4. Haartrockner
5. Make-up-Spiegel oder eine Kommode
6. Handseife
7. Sieftendes Shampoo
8. Einwegzahnbürste
9. Zahnpasta

10. Lotion
11. Einweg-Rasierer
12. Notizblock
13. Stift
14. Zusätzliche Bettwäsche und Kissenbezüge
15. Taschentücher
16. Müllsäcke und -behälter
17. Kühlschrank
18. Badteppich
19. Wecker
20. Geschirrspülmittel
21. Kehrblech, Besen oder Staubsauger
22. Fenster- und Möbeltücher
23. Luftspray
24. Pfannen, Töpfe, Teller, Gabeln, Löffel und Gläser
25. Zeitschriften und Bücher
26. Karten und Brettspiele
27. Kabel
28. WiFi
29. Fernseher
30. Adapter
31. Waschmaschine
32. Bügeleisen und Bügelbrett
33. Feuerlöscher
34. Rauchmelder
35. Notfallnummern
36. Karten und Reiseführer
37. Ein Erste-Hilfe-Set, das Aspirin, Bandhilfsmittel, Klebebänder, antiseptische Reinigungstücher, Calamin-Lotion, Einweg-Kühlpackungen, antibiotische Salbe, Thermometer und Pinzetten enthält.

Mit großen Annehmlichkeiten, werden Ihr angebote auf Airbnb herausstechen. Es wird Sie zu einem besseren Gastgeber machen und Sie werden Ihren Konkurrenten einen Schritt voraus sein.

Schritt 3: Dekorieren Sie Ihre Wohnungseinheit

Möglicherweise müssen Sie Ihre Wohnungseinheit neu dekorieren, um einen großen Erfolg auf Airbnb zu erzielen. Hier ist eine Liste von Dekorationstipps, mit denen Sie Ihren Laden in ein gemütliches, hotelähnliches Paradies verwandeln können:

1. Wählen Sie ein Thema aus.

Bevor Sie anfangen, Ihren Wohnungseinheit zu dekorieren, müssen Sie an ein Thema denken. Möchten Sie, dass Ihre Wohnung wie ein Hotel aussieht oder dass es sich wie ein "Zuhause fernab der Heimat" anfühlt? Möchten Sie, dass sich Ihre Gäste wie in einem anderen Land fühlen?

Nachfolgend finden Sie einige Themen, die Sie bei der Neugestaltung und Verbesserung Ihres Raumes verwenden können:

✓ Minimalistisch - Die minimalistische Innenarchitektur wird immer beliebter, weil sie sauber ist und auch Ihnen viel Geld sparen kann. Wenn Sie eine minimalistische Airbnb-Wohnungseinheit wünschen, halten Sie einfach alles einfach. Verwenden Sie nicht viel Heimdekoration. Streichen Sie Ihre Wände weiß und halten Sie Ihre Möbelfarben neutral.

✓ Formaler Stil - Dieses Thema strahlt Eleganz aus. Sie müssen Ihre Wohnungseinheit mit interessanter Beleuchtung und klassischen Möbeln schmücken. Es schadet auch nicht, luxuriöse plissierte Vorhänge zu verwenden.

- ✓ Königshaus - Das ist ein wenig ähnlich wie der formale Stil, aber dieser ist aufwendiger. So müssen Sie Quastenvorhänge, große Kronleuchter und Chester-Sofas integrieren.

- ✓ Boho Chic - Diese Inneneinrichtung ist in der Regel attraktiv für weibliche Reisende. Es ist lustig, bunt und gemütlich. Um diesen Look zu erreichen, muss man in Gegenstände mit geometrischen Mustern und Stammesprints investieren. Sie können auch Rattanmöbel und Vintage-Stücke in Ihr Design integrieren.

- ✓ Lässiger Stil - Dieses Design sieht cool, lässig und angesagt aus. So fühlen sich Ihre Gäste wie zu Hause.

Berücksichtigen Sie bei der Themenwahl Ihre Zielgruppe. Wenn Sie versuchen, Familien oder Geschäftsreisende anzuziehen, ist es keine gute Idee, ein Boho-Chic-Thema zu haben.

Achten Sie auch darauf, dass Ihre Wohnungseinheit einzigartig ist. Die am häufigsten gebuchten Objekte sind in der Regel solche, die den Gästen etwas anderes bieten, wie eine ungewöhnliche Architektur, ein riesiger Videospielraum oder ein Dachpool.

2. Die allgemeine Regel ist, Ihren Raum mit neutralen Farben zu streichen.

Sie können eine lebendige und aufgeschlossene Persönlichkeit haben und Sie Möchten, dass Ihre Wohnungseinheit das widerspiegelt. Nun, das ist gut. Aber denken Sie daran, dass Sie nicht als einziger in der Wohungseinheit wohnen.

Die allgemeine Regel ist, Ihre Räume mit neutralen Farben wie hellgrau, weiß, hellbraun und beige zu streichen. Dies wird es Ihnen leichter machen, Gäste mit unterschiedlichem Geschmäckern und Vorlieben anzuziehen.

Wenn Sie Ihren Gästen Ihre Persönlichkeit ein wenig näher bringen wollen, können Sie einfach bunte Akzente wie bunte Wurfkissen in die Wohnung legen.

3. Mischen Sie und kombinieren Sie verschiedene Genres und Innenarchitekturtechniken.

Thematisierte Häuser sind schön und fesselnd. Aber sie können auch langweilig werden. Um Ihre Wohnungseinheit interessant zu halten, müssen Sie verschiedene Stile mischen und kombinieren. Zum Beispiel können Sie eine moderne Sofagarnitur kaufen und dann eine klassische Uhr oder einen elektrischen Ventilator verwenden.

Sie können auch ein rustikales Wohnzimmer und eine moderne Küche haben. Haben Sie keine Angst, die Dinge ein wenig durcheinander zu bringen. Haben Sie einfach Spaß und lassen Sie Ihre Persönlichkeit in das Innere Ihrer Wohnungseinheit strahlen.

4. Investieren Sie in eine gute Beleuchtung.

Die Beleuchtung verbessert die Stimmung in Ihrem Haus. Stellen Sie also die Lichter an die richtigen Stellen, um die Schönheit und das Ambiente Ihrer Airbnb-Wohnungseinheit zu untermalen.

Kronleuchter sind großartig, weil sie Ihrem Zuhause einen ästhetischen Mehrwert verleihen. Ihre Küche sollte ausreichend beleuchtet sein. Sie könnten ein paar

Bodenleuchten integrieren, um Ihr Zuhause stilvoller und interessanter zu machen. Erwägen Sie auch die Installation eines Dimmers, falls Ihre Gäste nicht zu viel Licht mögen.

Aber denken Sie daran, nichts geht über natürliches Licht. Stellen Sie daher sicher, dass Ihr Wohnungseinheit über genügend Fenster verfügt. Verwenden Sie auch ein paar Spiegel, um das natürliche Licht zu reflektieren und zu maximieren.

5. Nutzen Sie Ihren Standort als Design-Impuls.

Wenn Sie auf Reisen sind, möchten Sie normalerweise an einem Ort wohnen, der an ihr Ziel erinnert. Wenn Sie zum Beispiel auf die Malediven reisen, wollen Sie nicht an einem Ort wohnen, der wie ein New York Apartment aussieht. Sie würden wahrscheinlich in einem Haus wohnen wollen, das den strandnahen und entspannten Lebensstil der Malediven widerspiegelt.

Wenn sich Ihre Wohnungseinheit in einer tropischen Stadt befindet, versuchen Sie, einige tropische Elemente in das Innere Ihrer Wohnungseinheit zu integrieren. Sie können Zimmerpflanzen, Dekoration oder tropisch inspirierte Bettwäsche verwenden. Sie können auch Rattanmöbel verwenden. Sie können sogar Innenhängematten installieren.

Aber, wenn Sie in einer großen Metropole wie Brooklyn leben, können Sie Ihre Wände mit orangefarbenen Ziegeln betonen und Möbel im selben Stil verwenden. Sie können auch eine kleine Skulptur der Freiheitsstatue auf Ihren Couchtisch stellen.

Nutzen Sie Ihren Standort als Inspiration, aber gehen Sie nicht über Bord. Wenn Sie zum Beispiel in einem Dschungel leben, müssen Sie nicht überall Tiermusterstoffe verwenden.

6. Erwägen Sie, Angebote auf Ihren Wänden zu platzieren.

Augeklebte Wandzitate sind lustig, inspirierend und sie sind bildschön. Außerdem gibt es Ihren Gästen ein wenig Motivation.

Wenn Sie Ihre Gäste begeistern wollen, erstellen Sie ein inspirierendes Angebot an einer Ihrer Wände. Hier ist eine Liste von motivierenden Zitaten, die Sie verwenden können:

- ✓ Sei die beste Version von Dirselbst.
- ✓ Du kannst es schaffen.
- ✓ Denke an fröhliche Gedanken.
- ✓ Träume groß.
- ✓ Tanze, als würde niemand zusehen.

- ✓ Sei dankbar.
- ✓ Du scheiterst nur, wenn Du aufhörst, es zu versuchen.

Schritt 4: Überprüfen Sie Ihren Wohnungseinheit, um sicherzustellen, dass alles gut funktioniert.

Bevor Sie Ihre Wohnungseinheit auf Airbnb verzeichnen, müssen Sie um Ihr Eigentum herumgehen und sicherstellen, dass alles gut funktioniert. Sie müssen alles überprüfen, von den Schlössern, den Wasserhähnen, den Glühbirnen, den Wänden und den Steckdosen.

Führen Sie eine gründliche Bestandsaufnahme von allem im Haus durch, damit Sie wissen, was Sie Ihrer Versicherung oder dem Airbnb Gastgeber Guarantee Programm in Rechnung stellen müssen.

Schritt 5: Reparieren Sie, was kaputt ist.

Sie können eine schlechte Bewertung erhalten, nur weil Ihr Wasserhahn nicht funktioniert, also reparieren Sie, was auch immer kaputt ist.

Schritt 6: Priorisieren Sie die Sicherheit Ihrer Gäste.

Die Airbnb-Versicherung ist fantastisch und sie ist ziemlich eng. Aber, um nicht in große Schwierigkeiten zu geraten, müssen Sie sicherstellen, dass Ihre Wohnungseinheit sauber und sicher ist.

Hier ist eine Liste von Sicherheitstipps, die Sie verwenden können, um das Gesamterlebnis Ihrer Gäste zu verbessern:

- ✓ Wenn Sie den Gästen erlauben, kleine Kinder mitzubringen, achten Sie darauf, dass Ihr Haus "babysicher" ist. Achten Sie darauf, dass die Babys den Fernseher und andere Wohnungsgegenstände nicht erreichen können. Befestigen Sie auch die Stromkabel an der Wand.

- ✓ Testen Sie Ihre Wohnungseinheit und stellen Sie sicher, dass alles einwandfrei funktioniert.

- ✓ Überprüfen Sie die gesamte elektrische Verkabelung und stellen Sie sicher, dass sie funktionsfähig und sicher ist. Vermeiden Sie lose Kabel im Haus.

- ✓ Vergewissern Sie sich, dass Ihr Flachbildfernseher und Ihre Bücherregale sicher an der Wand befestigt sind.

- ✓ Verwenden Sie rutschfeste Matten im Bad und in der Dusche.

- ✓ Integrieren Sie Lichter außerhalb Ihres Hauses, damit Sie leicht erkennen können, ob sich jemand in der Nähe Ihres Hauses aufhält.

- ✓ Bewahren Sie immer eine zusätzliche Glühbirne auf.

- ✓ Entfernen oder reparieren Sie alles, was eine Gefahr für Ihre Gäste darstellen kann.

- ✓ Installieren Sie in jedem Raum ein separates Schloss (das von innen abschließt), damit sich Ihre Gäste sicher fühlen.

Wenn Sie Zeit haben, führen Sie jedes Mal einen Sicherheitscheck duch wenn ein Gast Ihre Wohnungseinheit reserviert. Auf diese Weise wird sichergestellt, dass sich Ihre Wohnungseinheit immer in einem erstklassigen Zustand befindet.

Schritt 7: Durchführung einer Inventur

Bevor Sie Ihre Immobilie auf Airbnb listen, ist es wichtig, alles aufzulisten, was sich in Ihrer Wohnungseinheit befindet. Auf diese Weise wissen Sie auch, ob etwas verloren geht.

Schritt 8: Trockenlauf durchführen

Bevor Sie Ihre Immobilie auf Airbnb listen, sollten Sie einen Trockenlauf Durchführen, um sicherzustellen, dass alles reibungslos verläuft, wenn Sie endlich Gäste begrüßen. Bitten Sie einen Freund, bei Ihnen zu bleiben und vorzugeben, ein zahlender Kunde zu sein. Holen Sie sich das ehrliche Feedback Ihres Freundes und nehmen Sie dann die notwendigen Anpassungen vor.

Denken Sie daran, dass Vorbereitung der wichtigste Schlüssel zum Erfolg ist. Sie müssen Ihre Airbnb-Wohnungseinheit vorbereiten, bevor Sie sie Ihren Gästen öffnen, damit Sie in Zukunft tolle Bewertungen und mehr Buchungen erhalten.

Kapitel Zusammenfassung und Ihr Aktionsplan

Um ein erfolgreicher Airbnb Gastgeber zu sein, müssen Sie über hervorragende Gastgeber-Fähigkeiten verfügen. Sie müssen auch erstklassige Annehmlichkeiten bieten.

Hier ist ein Aktionsplan, mit dem Sie Ihre Wohnungseinheit vorbereiten und ein Superstar-Gastgeber werden können:

1. Schauen Sie sich Ihre Konkurrenz an. Bleiben Sie in einer Airbnb-Wohnungseinheit in Ihrer Nähe oder während Sie reisen. Notieren Sie sich die besten Praktiken Ihrer Gastgeber und kopieren Sie sie.

2. Bestimmen Sie Ihren Zielgruppe. Um dies zu tun, müssen Sie einen Avatar für potenzielle Kunden erstellen. Drucken Sie ein Foto Ihres idealen Gastes aus und schreiben Sie eine kurze Beschreibung. Schauen Sie sich dieses Foto jedes Mal an, wenn Sie Marketing für Ihre Airbnb-Wohnungseinheit betreiben.

3. Stellen Sie sicher, dass Ihre Wohnungseinheit über die grundlegenden Airbnb-Annehmlichkeiten wie Shampoo, Seife, Toilettenpapier, saubere Bettwäsche und Badetücher verfügt. Wenn Sie Ihren Mitbewerbern jedoch einen Schritt voraus sein wollen, sollten Sie auch einen Haartrockner, einen Erste-Hilfe-Kasten, einen Schreibtisch, Kabelfernsehen und WiFi zur Verfügung stellen.

4. Dekorieren Sie Ihr Zuhause um, wenn es sein muss. Verwenden Sie neutrale Farben, aber Sie können Akzente wie bunte Kissen oder Kunstwerke hinzufügen. Scheuen Sie sich nicht, verschiedene Designtechniken zu kombinieren. Nutzen Sie auch Ihren Standort als Inspiration. Wenn sich Ihre Wohnungseinheit in einem Küstengebiet befindet, können Sie Muscheln und andere Strandartikel als Dekor verwenden.

5. Überprüfen Sie Ihr Wohnungseinheit sorgfältig und stellen Sie sicher, dass alles einwandfrei funktioniert.

6. Reparieren Sie alles, was defekt ist, um Ihre Kunden zu schützen.

7. Notieren Sie alles, was im Haus ist.

8. Bitten Sie einen Freund, als zahlender Kunde zu fungieren und bitten Sie um ein ehrliches Feedback.

Überlassen Sie nicht alles dem Glück. Wenn Sie ein erfolgreicher Airbnb Gastgeber sein wollen, müssen Sie sich Zeit nehmen, um sich vorzubereiten.

Kapitel 3 - Fotos! Fotos! Fotos! So machen Sie tolle Fotos von Ihrer Airbnb Wohnungseinheit

Seien wir ehrlich - Reisende stützen ihre Buchungsentscheidungen auf die Fotos, die sie auf Airbnb stellen. Ihre potenziellen Gäste verbringen vielleicht ein paar Minuten damit, Ihr Profil zu lesen, aber letztendlich treffen sie Entscheidungen auf der Grundlage Ihrer Fotos die Sie einstellen. Deshalb ist es wichtig, dass Ihre Fotos die besten Eigenschaften Ihrer Immobilie hervorheben. Hier sind ein paar Tipps, die Sie verwenden können, um tolle Fotos für Ihre Immobilie zu machen:

Foto-Hack #1: Schauen Sie sich die Fotos anderer Airbnb-Angebote an, um Inspiration zu finden.

Schauen Sie sich die am häufigsten gebuchten Immobilien auf Airbnb an und sehen Sie, wie sie ihre Immobilie präsentieren. Haben Sie keine Angst, die besten Praktiken anderer Gastgebers zu kopieren.

Photo Hack #2: Verwenden Sie eine hochwertige Kamera.

Um die Schönheit und Magie Ihrer Wohnungseinheit wirklich einzufangen, ist es am besten, eine hochwertige DSLR-Kamera zu verwenden. Diese Kameras haben in der Regel eine bessere Bildqualität. Mit diesen Kameras können Sie auch Ihr Motiv vom Hintergrund isolieren. Sie funktionieren sowohl in gut beleuchteten als auch in Dunklen Umgebungen.

Aber es ist okay, wenn Sie keine DSLR-Kamera haben. Viele Handykameras machen auch tolle Fotos.

Wenn Sie ein Mobiltelefon verwenden, verwenden Sie die nach hinten gerichtete Kamera. Diese Kamera macht Fotos in höherer Auflösung als diese nach vorne gerichtete Kamera.

Photo Hack #3: Behalten Sie Ihren Zielgruppe im Auge.

Ihre Fotos müssen die Emotionen Ihrer Zielgruppe ansprechen. Wenn Sie Paare ins Visier nehmen, müssen Sie Ihre Wohnungseinheit als Flitterwochenparadies präsentieren. Sie können Champagnerflöten und Wein in Ihre Fotos integrieren. Es ist auch eine gute Idee, Blumen auf den Nachttisch zu legen. Ihre Fotos müssen Romantik und Luxus ausstrahlen.

Wenn Sie Familien ansprechen, ist es am besten, Fotos von den Kindern aus der Nachbarschaft zu zeigen, die vor Ihrer Wohnungseinheit spielen und Spaß haben. Sie müssen auch Fotos von den Tor- und Türschlössern machen. Sie müssen die Sicherheit und die familienfreundlichen Eigenschaften Ihrer Immobilie demonstrieren.

Sie müssen spannende Fotos machen, wenn Sie Gruppen von Freunden ansprechen wollen. Sie können Fotos von Ihrem Fußballtisch, Pool oder Billardtisch machen. Wenn Sie Geschäftsleute ansprechen, müssen Sie erstklassige Einrichtungen wie eine gut sortierte Speisekammer, einen 45-Zoll-Fernseher oder einen atemberaubenden Blick auf die Stadt präsentieren.

Photo Hack #4: Richten Sie Ihre Wohnungseinheit ein.

Ihre Fotos müssen Ihre Immobilie in einem positiven Licht erscheinen lassen, also sollten Sie vor Ihrer Airbnb-Fotosession aufräumen.

Sie müssen die schmutzige Wäsche, das schmutzige Geschirr und all die anderen Schandflecken wegräumen. Außerdem sollten Sie Ihre persönlichen Gegenstände und Fotos entfernen. Entfernen Sie die ganze Unordnung und stellen Sie sicher, dass Ihre Wohnungseinheit sauber ist. Machen Sie die Betten und legen Sie ein paar attraktive Kissen auf.

Hier sind ein paar Tipps, die Sie verwenden können, um Ihre Wohnung einzurichten:

- ✓ Reinigen Sie Ihre Spülbecken gut.
- ✓ Entfernen Sie Schimmel und andere tief sitzende Verschmutzungen.
- ✓ Heben Sie die Sauberkeit des Badezimmers hervor.
- ✓ Falten Sie die Handtücher oder legen Sie sie ordentlich auf den Handtuchhalter.
- ✓ Stellen Sie einen Beutel Kaffee neben die Kaffeemaschine.
- ✓ Legen Sie ein paar Bücher auf den Couchtisch.
- ✓ Ordnen Sie die Wurfkissen auf Ihrem Sofa und Ihrer Couch an.
- ✓ Platzieren sie Merkmale um ein Statement zu setzen.
- ✓ Lassen Sie Ihre Wohnung komfortabel und gastfreundlich aussehen.

Photo Hack #5: Präsentieren Sie Ihren USP oder Ihr Alleinstellungsmerkmal.

Um mehr Buchungen zu erhalten, müssen Sie Fotos machen, indem Sie einen USP oder ein Alleinstellungsmerkmal präsentieren.

Aber was ist ein USP? Ein USP ist Ihr Wettbewerbsvorteil, das, was Sie von Ihren Mitbewerbern unterscheidet. Hat Ihre Wohnung einen Swimmingpool? Haben Sie einen 60" Flachbildfernseher? Liegt Ihr Haus in einer touristischen Gegend wie Athens Plaka, Mailand Navigli oder San Diego's Little Italy? Gibt es in Ihrer Nachbarschaft eine Reihe von Straßenkunstwerken?

Airbnb-Nutzer werden höchstwahrscheinlich einzigartige Immobilien buchen. Heben Sie also die Dinge hervor, die Ihre Wohnungseinheit einzigartig machen, wie einen großen Kamin, ein markantes Kunstwerk und ein Baumhaus.

Machen Sie auch Fotos von Ihren besten Annehmlichkeiten, wie Terrasse, Hot Top, großer Flachbildfernseher, Unterhaltungszentren und Küche.

Machen Sie viele Fotos vom Schlafzimmer, da potenzielle Gäste gerne wissen möchten, wo sie wohnen und wo sie die meiste Zeit verbringen. Stellen Sie sicher, dass Sie auch ein Foto machen, das Ihre Schlafzimmermöbel bedeckt - das Bett, den Schrank, die Kommode und die Nachttische.

Photo Hack #6: Mehr ist mehr ist mehr

Airbnb ermöglicht es Ihnen, 20 Fotos pro Angebot zu veröffentlichen, also achten Sie darauf, diese Grenze zu maximieren. Veröffentlichen Sie so viele Fotos wie möglich. Machen Sie Fotos von jedem Teil des Hauses - Schlafzimmer, Keller, Küche, Wohnzimmer, Esszimmer, Spielzimmer, Terrasse, Hinterhof, Vorhof, Tor und vor allem das Badezimmer. Bevor Sie Fotos machen, stellen Sie sicher, dass Ihr Badezimmer mit grundlegenden Einrichtungen wie Toilettenpapier, Handtuch, Seife und Shampoo ausgestattet ist.

Machen Sie auch Fotos vom Inneren, Äußeren und sogar vom Vorgarten Ihrer Wohnungseinheit. Machen Sie so viele Fotos wie möglich und veröffentlichen Sie dann die besten.

Photo Hack #7: Natürliche Beleuchtung verwenden

Verwenden Sie keinen Blitz. Nutzen Sie natürliche Beleuchtung so weit wie möglich, um die natürliche Schönheit Ihrer Immobilie zu präsentieren. Dies wird Ihre Wohnungseinheit attraktiver machen.

Öffnen Sie die Fenster und heben Sie die Jalousien an. Dadurch wird jeder Raum lebendig und warm. Schalten Sie Ihre Lampen und Leuchten ein. Fotografieren Sie auch an den wärmsten Stellen des Tages, in der Regel gegen 10 bis 14 Uhr.

Foto-Hack #8: Finden Sie den besten Winkel

Betrachten Sie jeden Raum aus verschiedenen Blickwinkeln und machen Sie ein Foto aus den besten Blickwinkeln. So können Sie die Schönheit Ihrer Immobilie zur Geltung bringen.

Machen Sie eine Vielzahl von Aufnahmen aus verschiedenen Blickwinkeln. Zum Beispiel können Sie ein Foto des gesamten Badezimmers machen und dann ein weiteres Foto von der Seifenschale machen. Versuchen Sie, sich auf verschiedene Themen zu konzentrieren.

Photo Hack #9: Nehmen Sie hochauflösende Fotos auf.

Die Fotos müssen eine Auflösung von (mindestens) 1024 x 683px haben - je größer das Foto, desto besser.

Photo Hack #10: Fotografieren im Querformat

Fotos werden im Querformat in den Suchergebnissen angezeigt. Aus diesem Grund sollten Sie Ihre Fotos im Querformat aufnehmen. Dadurch werden auch die details der Wohnungseinheit für Ihre Fotos besser hervorgehoben.

Photo Hack #11: Machen Sie viele Fotos vom Schlafzimmer.

Die Gäste wollen den Schlafbereich sehen, also sollten Sie viele Fotos vom Schlafzimmer machen. Sie können ein Foto machen, das das gesamte Schlafzimmer einfängt, und dann können Sie andere Fotos machen, die sich auf die Details und Annehmlichkeiten konzentriert.

Photo Hack #12: Stelle einen professionellen Fotografen ein, wenn es sein muss.

Um Ihre Wohnungseinheit optimal zu präsentieren, ist es ratsam, einen professionellen Fotografen zu beauftragen. Sie können Ihren bevorzugten lokalen Fotografen oder einen über Airbnb mieten.

Alles, was Sie tun müssen, ist sich bei Ihrem Airbnb-Konto anzumelden. Besuchen Sie www.airbnb.com/info/photography und fordern Sie ein Fotoshooting an. Airbnb wird Sie dann mit einem professionellen Fotografen zusammenbringen und den Dreh planen. Stellen Sie sicher, dass der Fotograf mindestens drei Fotos von jedem Raum macht, damit Sie mehr Möglichkeiten haben.

Photo Hack #13: Präsentieren Sie verschiedene Jahreszeiten.

Wenn Sie in einer Stadt leben, die vier Jahreszeiten hat, ist es ratsam, Fotos zu machen, die zeigen, wie Ihre Immobilie im Sommer, Winter, Herbst und Frühjahr aussieht. Aktualisieren Sie Ihre Fotos regelmäßig, um die aktuelle Saison zu präsentieren. Verwenden Sie z.B. sonnige Fotos im Sommer und dann den verschneiten Hinterhof oder den Kamin im Winter.

Photo Hack #14: Bearbeiten Sie Ihre Fotos

Bearbeiten Sie Ihr Foto, um sicherzustellen, dass es optimal aussieht. Sie können Photoshop oder andere Fotobearbeitungs-Programme verwenden, wie z.B.:

- ✓ GIMP
- ✓ Fotolandschaft X
- ✓ PIXLR
- ✓ Fotor
- ✓ BeFunky
- ✓ Picmonkey
- ✓ iPiccy

Wenn Sie Ihr Handy zum Fotografieren verwenden, können Sie Bildbearbeitungsanwendungen wie Snapseed, VCSO, Afterlight, Enlight, TouchRetouch und Adobe Lightroom CC verwenden.

Es ist verlockend, Filter zu verwenden, um Ihr Haus lebendiger und schöner aussehen zu lassen. Aber, wenn Sie möchten, dass Ihr Haus attraktiv aussieht, vermeiden Sie die Verwendung von Filtern. Sie möchten, dass Ihre Fotos die wahre Schönheit Ihrer Immobilie widerspiegelt. Wenn Sie zu viele Filter auf Ihre Fotos anwenden, werden Ihre Gäste enttäuscht sein, wenn sie das Original sehen. Dies kann zu schlechten Bewertungen führen.

Foto-Hack #15: Machen Sie Fotos von Ihrer Nachbarschaft.

Machen Sie Fotos von Ihrer Nachbarschaft, besonders wenn es eines Ihrer Alleinstellungsmerkmale ist. Achten Sie darauf, ein Foto von Ihrem Dorf, den Geschäften in der Nähe oder dem nächsten Bahnhof zu machen.

Sie sagen, dass ein Foto mehr als tausend Worte sagt, also stellen Sie sicher, dass Ihre Fotos wunderbare Geschichten über Ihre Immobilie erzählen.

Kapitel Zusammenfassung und Ihr Aktionsplan

Fotos spielen eine wichtige Rolle im Entscheidungsprozess der meisten Airbnb-Reisenden. Dies ist der Grund, warum Sie attraktive Fotos machen sollten.

Hier sind die Dinge, die Sie tun sollten, um tolle Fotos zu machen:

1. Berücksichtigen Sie Ihre Zielgruppe, bevor Sie Fotos machen. Was wollen sie sehen? Was wollen sie erleben? Welche Annehmlichkeiten wünschen sie sich? Wenn Sie beispielsweise digitale Nomaden anvisieren, sollten Sie Fotos vom Arbeitsbereich machen. Sie sollten auch Fotos machen, die zeigen, wie ruhig der Ort ist.

2. Machen Sie so viele Fotos wie möglich und wählen Sie dann die besten aus.

3. Laden Sie 20 Fotos hoch, die jeden Teil in Ihrem Haus zeigen - Bibliothek, Wohnzimmer, Esszimmer, Terrasse, Küche, Keller, Dachboden, Vorhof und Hinterhof. Fügen Sie auch Fotos von Ihren besten Annehmlichkeiten und Alleinstellungsmerkmalen wie Ihrem Swimmingpool oder Baumhaus hinzu.

4. Verwenden Sie eine hochwertige Kamera.

5. Verwenden Sie hochauflösende Fotos. Die Größe des Fotos sollte mindestens 1024 x 683xp betragen.

6. Verwenden Sie nicht Ihren Kcamerablitz. Benutzen Sie natürliches Licht so oft wie möglich. Sie müssen auch tagsüber Fotos machen, um das Licht zu maximieren.

7. Räumen Sie Ihre Wohnungseinheit auf, bevor Sie Fotos machen. Entfernen Sie die Unordnung und stellen Sie sicher, dass Ihre Wohnungseinheit in bester Form ist.

8. Was zeichnet Ihre Wohnungseinheit aus? Was sind die besonderen Annehmlichkeiten, die Sie Ihren Gästen bieten? Airbnb-Reisende buchen gerne einzigartige Immobilien. Deshalb sollten Sie Ihr Alleinstellungsmerkmal oder Ihren USP hervorheben.

9. Mieten Sie einen professionellen Fotografen, wenn es sein muss.

10. Präsentieren Sie verschiedene Jahreszeiten, damit die Gäste sehen können, wie Ihre Immobilie im Herbst, Winter, Frühjahr und Sommer aussieht.

Tolle Fotos zu haben ist unerlässlich, um Ihre Buchungen und Airbnb-Einnahmen zu steigern.

Kapitel 4 - Erstellen Ihres Angebots

Nachdem Sie Fotos von Ihrer Immobilie gemacht haben, ist es an der Zeit, Ihren Eintrag zu erstellen. Airbnb ist eine Online-Community von Kurzzeitmietern und Reisenden. Aus diesem Grund werden sowohl Gäste als auch Gastgeber gebeten, ein persönliches Profil zu erstellen. Auf diese Weise können die Gäste eine fundierte Entscheidung darüber treffen, welche Immobilie sie buchen möchten. Dies gibt den Gastgebern auch die Möglichkeit, das Profil des Gastes zu überprüfen, bevor sie die gewünschte Reservierung annehmen.

Ihr Airbnb-Konto besteht aus verschiedenen Komponenten, zu denen Ihr persönliches Profil, Ihr Immobilienverzeichnis, Fotos Ihrer Wohnungseinheit, Ihr Profilbild, Ihre persönlichen Bewertungen und Bewertungen sowie Ihre Immobilienbewertungen und Bewertungen gehören.

Denken Sie daran, dass Ihre Profilseite eine Zusammenfassung der Bewertungen enthält, die Sie sowohl als Gastgeber als auch als Gast erhalten haben. Wenn Sie also ein schlechter und unordentlicher Gast auf Ihren vergangenen Reisen waren, werden Ihre potentiellen Gäste auch diese Informationen sehen. Sie sollten sich also nicht nur darum bemühen, ein guter Gastgeber zu werden, sondern auch ein zuverlässiger und gepflegter Gast.

Anmelden für den Airbnb Service

Um Ihr kurzfristiges Mietkonto zu erstellen, müssen Sie auf www.airbnb.com gehen und dann auf die Schaltfläche "Anmelden" klicken. Wenn Sie ein Smartphone oder ein Tablet verwenden, müssen Sie die App herunterladen. Sie können sich mit Ihrer E-Mail-Adresse, Ihrem Facebook-Konto oder Ihrem Google-Konto anmelden.

Fügen Sie Ihre Profilinformationen hinzu

Um Ihre Profilinformationen zu erstellen, müssen Sie Folgendes tun:

1. Fügen Sie Ihr Profilfoto hinzu. Es ist am besten, ein Foto von Ihnen zu wählen, auf dem Sie ein Business-Outfit tragen und vor Ihrem Haus stehen. Das erhöht Ihre Glaubwürdigkeit.

2. Fügen Sie Ihre Telefonnummer hinzu und bestätigen Sie diese.

3. Wählen Sie Ihre bevorzugte Sprache. Sie sollten auch Ihre bevorzugte Währung angeben (Euro wenn sie aus Europa kommen z.B.).

4. Geben Sie Ihren Standort an. Sie müssen Ihren Straßennamen an dieser Stelle nicht angeben. Sie können einfach Ihre Stadt, Ihren Staat und Ihr Land Integrieren.

5. Fügen Sie Ihre Ausbildung hinzu. Dies sind optionale Angaben, aber Sie sollten diese trotzdem ausfüllen. So können Sie Ihre Gäste etwas besser kennenlernen.

6. Integrieren Sie Ihre Stelle unter "Arbeitsfeld". Sie können so breit gefächert wie möglich sein.

7. Fügen Sie Ihre Zeitzone hinzu. Außerdem müssen Sie die Sprachen angeben, die Sie sprechen. Dies ermöglicht es Ihnen, internationale Reisende anzuziehen.

8. Fügen Sie Notfallkontaktdaten und Versandinformationen hinzu.

Sie müssen auch Fotos und Symbole hinzufügen. Sie müssen auch Ihr Profil überprüfen. Wir werden diesen Schritt später besprechen. Sie sollten auch später noch Charakterreferenzen hinzufügen.

Erstellen Sie Ihr Airbnb Immobilienverzeichnis

Nachdem Sie Ihr persönliches Airbnb-Profil erstellt haben, ist es an der Zeit, Ihr Immobilienverzeichnis zu erstellen. Um dies zu tun, müssen Sie zurück zur Airbnb-Homepage gehen, sich bei Ihrem Konto anmelden und auf die Schaltfläche "Gastgeber werden" klicken.

Ihre Immobilienanzeige sollte die grundlegenden Informationen über die Immobilie enthalten, einschließlich Bäder, Schlafzimmer, Betten und andere Annehmlichkeiten. Es sollte auch die Fotos Ihrer Immobilie und einen aufmerksamkeitsstarken und kreativen Titel enthalten.

Ihr Immobilienangebot muss auch Ihren nächtlichen Preis und andere buchungsbezogene Informationen enthalten. Sie können auch optionale Elemente hinzufügen, wie z.B. ein Gastgeber Guidebook. Nachfolgend finden Sie eine Schritt-für-Schritt-Anleitung zur Erstellung einer Immobilienauflistung.

Schritt 1 – Fügen Sie grundlegende Informationen über Ihr Listing hinzu

Nachdem Sie auf die Schaltfläche "Gastgeber werden" geklickt haben, müssen Sie eine Reihe von Fragen stellen, darunter:

- ✓ Welche Art von Immobilie listen Sie auf? – Listen Sie ein ganzes Haus, ein Mehrbettzimmer oder ein Privatzimmer auf?

- ✓ Wie viele Gäste können Sie unterbringen?

- ✓ Wie viele Badezimmer haben Sie? - Sie müssen auch angeben, ob der Gast Zugang zu einem privaten Badezimmer hat oder ob er ein Gemeinschaftsbad benutzen muss.

- ✓ Welche Annehmlichkeiten bieten Sie an? - Aktivieren Sie das Kontrollkästchen der von Ihnen angebotenen Einrichtungen.

- ✓ Welche Räume können die Gäste nutzen? - Geben Sie an, auf welche Art von Zimmern Ihre Gäste Zugriff haben. Haben sie Zugang zum Fitnessstudio, Whirlpool, Parkhaus, Aufzug oder Küche?

- ✓ Wo befindet sich Ihr Haus? - Sie müssen Ihre vollständige Adresse angeben, einschließlich Straßenname, Stadt, Bundesland, Land und Postleitzahl.

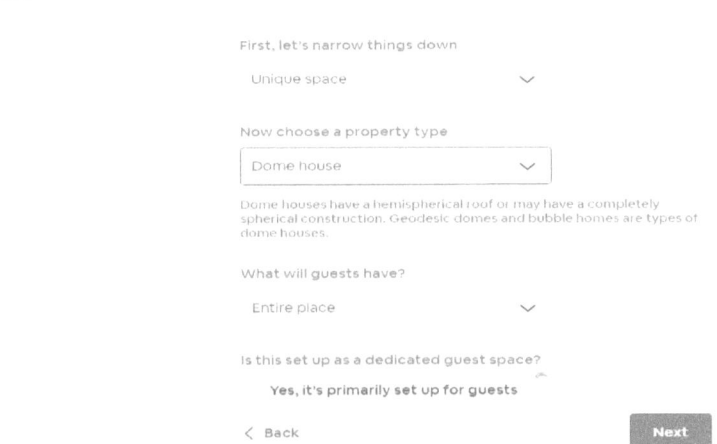

Vergessen Sie nicht, Ihr Profil zu aktualisieren, falls Sie sich entscheiden, mehr Zimmer zu vermieten oder mehr Komfort zu bieten.

Schritt 2: Machen Sie Fotos von Ihrer Wohnungseinheit und fügen Sie eine Beschreibung hinzu.

Der nächste Schritt ist das Fotografieren mit den Tipps in Kapitel 3. Sobald Sie fertig sind, müssen Sie drei Felder ausfüllen, nämlich:

1. Point of Interest (Mein Ort ist in der Nähe von....) - Befindet sich Ihre Immobilie in einer künstlerischen Umgebung? Ist es in der Nähe eines Touristenortes oder eines beliebten Restaurants? Ist es nur wenige Schritte von einem beliebten Einkaufszentrum entfernt?

2. Ihr USP oder Unique Selling Point (Sie werden meine Wohnungseinheit lieben wegen....) - Was macht Ihre Wohnungseinheit besonders? Ist es das Ambiente, das Viertel, die Menschen oder die Architektur?

3. Ihr Zielgruppe (Ihre Wohnungseinheit ist gut für....) - Welche Art von Reisenden bedienen Sie? Sind Sie für Alleinreisende, Paare, Abenteurer, Geschäftsreisende, große Gruppen oder Familien geeignet? Sind Sie auch für diejenigen da, die mit Haustieren unterwegs sind?

Airbnb wird eine einteilige, textbasierte Beschreibung erstellen, die auf Ihrer USP, Ihrer Zielgruppe und Ihrem Alleinstellungsmerkmal basiert. Sie können diese bearbeiten und eine personalisierte und aufmerksamkeitsstarke 500 Charakterbeschreibung hinzufügen. Wir werden Tipps besprechen, die Ihnen helfen können, eine fantastische Objektbeschreibung im späteren Teil dieses Kapitels zu schreiben.

Schritt 3: Legen Sie Ihren Nachttarif und Ihre verfügbaren Termine fest.

Denken Sie daran, dass die kurzfristige Vermietungs- Industrie sehr wettbewerbsfähig ist. Dies ist der Grund, warum Sie auch wettbewerbsfähige Preise festlegen sollten.

Bevor Sie Ihren nächtlichen Preis festlegen, müssen Sie eine umfangreiche Recherche Durchführen. Überprüfen Sie die Preise der Airbnb-Angebote in Ihrer Nähe. Sie müssen auch die Preise der nahegelegenen Hotels, Bed & Breakfast, Resorts und Motels überprüfen. Sie können einen höheren Nachttarif berechnen, wenn Sie sich an einem stark frequentierten Standort befinden.

Sie haben zwei Preisoptionen - Festpreis und intelligente Preisgestaltung. Wenn Sie sich für die Smart Pricing Option entscheiden, bestimmt Airbnb den Preis basierend auf Ihrem Standort. Das System erhöht den Tarif automatisch bei hoher Nachfrage nach Übernachtungen. Dies maximiert Ihren Umsatz.

Wenn Sie den Festpreis wählen, können Sie Ihren Nachtpreis wählen. Der Tarif bleibt unverändert, es sei denn, Sie beschließen, ihn zu ändern.

In den ersten Monaten ist es ratsam, den nächtlichen Preis etwas niedriger als die meisten Ihrer Konkurrenten zu setzen, um Ihre Buchungen zu erhöhen und Ihren Ruf aufzubauen. Sie können Ihren Nachtansatz schrittweise erhöhen, sobald Sie sich als zuverlässiger und vertrauenswürdiger Gastgeber etabliert haben.

Es ist ratsam, einen niedrigen Nachttarif festzulegen, besonders wenn Sie noch Anfänger sind. Aber stellen Sie sicher, dass Sie immer noch Gewinn erzielen. Bei der Festlegung des richtigen Preises müssen Sie die folgenden Kosten berücksichtigen:

- ✓ Hypothekenzahlung
- ✓ Versicherung
- ✓ Grundsteuer
- ✓ HOA-Gebühren
- ✓ Wartungsgebühr
- ✓ Reinigungsdienstgebühr
- ✓ Airbnb-Gebühr (3%)

Sie müssen auch in den Kalender gehen, um die Verfügbarkeit Ihrer Immobilie einzustellen. Sie können bestimmte Termine sperren. Sie können auch die Option "Fahrtdauer" verwenden , um die maximale und minimale Anzahl der aufeinanderfolgenden Buchungstage einzustellen. Sie können beispielsweise einen Mindestaufenthalt von zwei Nächten festlegen, um Ihren Umsatz zu maximieren.

Als neuer Gastgeber sollten Sie Ihre maximale Aufenthaltsdauer auf nur eine Woche beschränken. Sie Möchten nicht jemand haben, der in Ihrer Wohnungseinheit für Monate bleibt, falls Sie sich dazu entscheiden sollten mit Airbnb aufzuhören.

Sie sollten auch Folgendes einstellen:

- ✓ Vorankündigung - Dies ist die Anzahl der Tage, an denen Ihre Gäste vor der Ankunft buchen und vorauszahlen müssen. Sie sollten mindestens einen Tag im Voraus informiert werden, damit Sie genügend Zeit haben, Ihre Wohnungseinheit vorzubereiten.

- ✓ Vorbereitungszeit - Wie viel Zeit benötigen Sie zwischen den Reservierungen, um Ihre Wohnungseinheit vorzubereiten und zu reinigen?

- ✓ Buchung - Inwieweit kann ein Gast eine Reservierung vornehmen? Ist es irgendeine Zeit, drei Monate, sechs Monate oder ein Jahr?

Schritt 4: Zusätzliche Gästeinformationen anfordern

Ihre Gäste sollten grundlegende Informationen wie Profilbild, Kontaktnummer, Zahlungsinformationen und E-Mail-Adresse angeben.

Sie können auch zusätzliche Informationen von Ihren potenziellen Gästen anfordern, wie z.B. von der Regierung ausgestellte Ausweise und Empfehlungen von anderen Gastgebern. Sie können auch "keine zusätzlichen Bewertungen" als Anforderung wählen.

Sie können auch die Option "Sofortbuchen" deaktivieren, damit Sie Ihre Gäste durchsuchen können. Aber wenn Sie dies tun, seien Sie bereit, auf

Reservierungsanfragen innerhalb von ein oder zwei Stunden zu antworten. Andernfalls verlieren Sie die Reservierung an eine andere Person.

Schritt 5: Erstellen Sie Ihre Hausregeln

Um sich und Ihr Eigentum zu schützen, sollten Sie sich darüber im Klaren sein, was Sie akzeptieren werden und was nicht. Dies ist der Grund, warum Sie Hausregeln festlegen sollten.

Wenn Ihre Gäste gegen Ihre Hausordnung verstoßen, haben Sie die Möglichkeit, ihre Reservierung zu stornieren (ohne Strafe). Sie können Ihre Gäste auch bitten, zu gehen.

Nachfolgend finden Sie eine Liste von Regeln, die Sie als Leitfaden beim Schreiben Ihrer eigenen Hausordnung verwenden können:

1. Keine Haustiere erlaubt - Selbst wenn Sie ein Tierliebhaber sind, ist es am besten, Haustiere zu verbieten, um Ihr Eigentum zu schützen. Sie wollen nicht, dass Ihr Haus nach Hundeurin riecht. Sie können jedoch einen Zuschlag verlangen, wenn Sie sich entscheiden, Haustiere zuzulassen.

2. Keine Partys – Partys sind unordentlich und könnten zu Sachschäden und Beschwerden führen.

3. Keine illegalen Aktivitäten - Es gibt Horrorgeschichten von Gästen, die Airbnb-Wohnungseinheiten nutzen, um Pornos zu drehen oder als Bordell. Also ist es notwendig, diesen Punkt in die Hausordnung aufzunehmen.

4. Keine Drogen - Das ist ein Muss. Sie wollen nicht, dass Ihre Wohnungseinheit eine Drehscheibe für Koksköpfe und Kifferkinder wird

5. Keine Besucher - Sie möchten nicht, dass Ihr Eigentum zu einem "Hookup"-Hub wird.

6. Rauchen verboten - Sie können das Rauchen verbieten und wenn Sie es erlauben, können Sie einfach die Bereiche des Hauses angeben, in denen Ihre Gäste wie auf der Terrasse z.B. rauchen dürfen.

7. Kein Essen im Schlafzimmer - Sie wollen nicht, dass Ihr Schlafzimmer mit Ameisen gefüllt ist. So ist es wichtig, diesen Teil in die Hausordnung aufzunehmen.

Sie sollten auch Ruhezeiten, Reinigungsverfahren und Bereiche außerhalb der Wohnung mit angeben. Auch sollten Sie eine Kopie Ihrer Hausordnung ausdrucken und in den Kühlschrank oder einen sichtbaren Bereich Ihrer Immobilie platzieren.

Wie man einen aufmerksamkeitsstarken Listing-Titel erstellt

Ihr Eigentumstitel sieht aus wie eine Schlagzeile und es ist das nächste, was Ihre potenziellen Gäste nach Ihrem Hauptfoto sehen werden.

⚫ Step 2: Set the scene

Name your place

| Listing title | 50 |

⚪ Davao City Home with a View

Das Ziel Ihres Titels ist es, die Leser dazu zu bringen, auf Ihren Immobilienlink zu klicken und Ihren Eintrag zu sehen. Dies ist der Grund, warum der Titel einprägsam und einzigartig sein sollte.

Hier sind ein paar Tipps, die Sie beim Schreiben Ihres Titels verwenden können:

1. Maximieren Sie den gesamten 50-Zeichen-Bereich. Benutzen Sie so viel details der Wohnungseinheit wie möglich.

2. Erstellen Sie einen Titel, der Ihre Zielgruppe anspricht. Verwenden Sie keine allgemeinen Wörter. Versuchen Sie, Ihren Fokus zu verengen. Wenn Sie beispielsweise versuchen, Geschäftsreisende anzusprechen, können Sie Ihren Standort hinzufügen. Sie können auch Wörter wie bequem oder modern verwenden.

3. Verwenden Sie keine allgemeinen Wörter wie "gut" oder "nett". Verwenden Sie beschreibendere Wörter wie "Country Chic", "Rustikal" oder "Minimalistisch".

4. Erwähnen Sie die besten Eigenschaften Ihres Hauses wie einen Whirlpool oder einen Pool.

5. Fügen Sie Ihren Standort und Ihr Wahrzeichen hinzu. Sie können erwähnen, dass sich Ihre Wohnungseinheit in der Nähe eines Bahnhofs, eines Einkaufszentrums oder eines Touristenortes befindet. Die meisten Reisenden entscheiden sich für Komfort, so dass sie wahrscheinlich Immobilien buchen, die sich in der Nähe von Restaurants und Hochhäusern befinden. Dadurch wird auch Ihr Titel SEO-freundlich. Wir werden das später in diesem Buch besprechen.

6. Verwenden Sie Abkürzungen. Denken Sie daran, dass Ihr Titel mindestens 50 Zeichen lang sein sollte. Deshalb sollten Sie Abkürzungen verwenden, wie z.B. AC (Klimaanlage), BR (Schlafzimmer) oder w/ (mit).

7. Fügen Sie Ihren USP oder Ihr Alleinstellungsmerkmal in Ihren Titel hinzu. Es kann ein Pool, ein fantastischer Blick auf den Sonnenuntergang oder seine einzigartige Architektur sein.

8. Verwenden Sie Symbole wie ★. Dadurch hebt sich Ihr Titel ab.

9. Aktualisieren Sie Ihren Titel regelmäßig und markieren Sie bevorstehende Ereignisse. Wenn Ihr Haus zum Beispiel nur zehn Minuten von der diesjährigen Coachella entfernt ist, nehmen Sie das in Ihren Titel auf.

Nachfolgend finden Sie eine Liste überzeugender Titel, die Sie als Leitfaden verwenden können:

- ✓ Atemberaubende 4 BR alte Hütte mit Blick auf den Sonnenuntergang + Pool
- ✓ Luxuriöse 2 BR Eigentumswohnung in Einkaufslage mit Blick auf die Stadt
- ✓ 5 BR Viktorianisches Herrenhaus mit Blick auf den Comer See
- ✓ Neu renoviertes 2 BR Stadthaus mit Küche + `pool`★
- ✓ Rustikales Strandhaus mit Pool für Hochzeitsreisende
- ✓ Charmante alte Hütte 5 Minuten von den Schweizer Alpen ★
- ✓ Geräumige 2 BR Eigentumswohnung mit Blick auf die Akropolis
- ✓ Bequem 1 BR flach mit Kamin + WiFi + Kabel
- ✓ 1 BR modern aprtmnt w/wifi, privates Badezimmer ★

Halten Sie Ihren Airbnb-Titel kurz und interessant und auffällig. Denken Sie daran, dass das Ziel darin besteht, Ihren Leser zu ermutigen, auf Ihren Link zu klicken und Ihr gesamtes Angebot zu lesen.

Tipps zur Erstellung einer auffälligen und unwiderstehlichen Listungsbeschreibung

Eine der besten Möglichkeiten, Ihre Buchungen zu erhöhen, ist, eine überzeugende Objektbeschreibung zu schreiben. Airbnb erstellt eine Angebotsbeschreibung auf der Grundlage der von Ihnen in das System eingegebenen Informationen. Aber, Sie können dies bearbeiten und Ihre eigene 500 Charakterbeschreibung erstellen. Diese Beschreibung wird als Angebotszusammenfassung bezeichnet.

Die Zusammenfassung des Listing

So erhalten Ihre potentiellen Gäste einen Überblick darüber, was sie von der Immobilie erwarten können. Sie muss 500 Zeichen lang sein (oder weniger). Es muss auch gut geschrieben und auffällig sein.

Hier sind ein paar Tipps, die Sie verwenden können, um Ihre Angebotsübersicht zu schreiben:

1. **Beantworten Sie die Fragen Ihrer potenziellen Gäste, bevor sie überhaupt fragen.**

Um ein großartiges Exemplar für Ihren Eintrag zu schreiben, müssen Sie wie ein Gast denken. Wenn Sie ein Gast waren, was möchten Sie über die Immobilie wissen?

Ihre Beschreibung sollte die Fragen Ihrer zukünftigen Gäste beantworten, bevor sie fragen:

- ✓ Wie weit ist Ihr Wohnungseinheit vom Bahnhof entfernt?
- ✓ Gibt es in Ihrer Nähe ein Einkaufszentrum oder ein Shopping-Bereich mit vielen Läden?
- ✓ Welche Art von Betten bieten Sie an? Bieten Sie Einzelbetten oder ein riesiges Doppelbett an?
- ✓ Können Ihre Gäste ihre Haustiere mitbringen?
- ✓ Können Ihre Gäste eine Geburtstagsfeier in Ihrem landestypischen Schloss veranstalten?
- ✓ Hat Ihr Zimmer ein eigenes Badezimmer?
- ✓ Hat Ihre Wohnungseinheit einen separaten Eingang?

2. **Sie sollten eine Beschreibung erstellen, die Ihre Zielgruppe anspricht.**

Verwenden Sie Wörter, welche die Emotionen Ihres Publikums ansprechen. Wenn Sie zum Beispiel Geschäftsleute anziehen, verwenden Sie die Wörter "Luxus" und "Komfort". Verwenden Sie Wörter wie "budgetfreundlich" und "preiswert" für Backpacker. Verwenden Sie auch die Wörter "sicher", "friedlich" und "kinderfreundlich", wenn Sie versuchen, Familien anzuziehen.

Sie sollten eine detaillierte Beschreibung schreiben, die Ihre Zielgruppe emotional anspricht. Zum Beispiel:

- ✓ Wenn Sie Geschäftsreisende anziehen möchten, müssen Sie angeben, wie nah Ihr Wohnungseinheit am Business Center ist. Sie sollten auch erwähnen, dass

Ihr Haus über eine zuverlässige WiFi-Verbindung und einen ruhigen Arbeitsbereich verfügt. Sie können so etwas schreiben:

"Diese Eigentumswohnung mit einem Schlafzimmer befindet sich im Herzen des Geschäftsviertels der Stadt. Es ist mit einer starken WLAN-Verbindung ausgestattet und verfügt über einen Bürobereich, in dem Sie Berichte bearbeiten können. Sie verfügt auch über eine Speisekammer, die mit einer hochwertigen Kaffeemaschine ausgestattet ist."

✓ Um Paare anzusprechen, müssen Sie die romantische Atmosphäre Ihrer Immobilie erwähnen. Sie müssen sich auch auf das allgemeine Ambiente des Schlafzimmers konzentrieren. Sie können so etwas schreiben:

"Diese Villa am Strand ist perfekt für Honeymooner. Es liegt eingebettet in einer schönen Strandstadt, umgeben von Palmen. Das Schlafzimmer hat ein viktorianisches Interieur. Es hat ein luxuriöses französisches Bett, in dem man sich wie in einem, Königshaus fühlt. Es hat auch eine Holzkommode und einen aufwendig geschnitzten Nachttisch. "

✓ Wenn Sie Familien ansprechen, müssen Sie Ihre kinderfreundlichen Räume hervorheben. Sie können so etwas schreiben:

"Dieses Haus mit zwei Schlafzimmern hat ein geräumiges Spielzimmer und einen Außenbereich, ein perfekter Treffpunkt für die ganze Familie."

3. Heben Sie Ihr Alleinstellungsmerkmal hervor.

Wie bei Ihrem Angebotstitel müssen Sie auch in Ihrer Beschreibung das Alleinstellungsmerkmal Ihres Angebots hervorheben. Seien Sie so detailliert und beschreibend wie möglich. Zum Beispiel:

"Diese Villa mit fünf Schlafzimmern hat eine geräumige, rustikale Veranda mit Blick auf die atemberaubende Skyline der Stadt."

"Die Küche hat eine Marmortheke, die Sie für die Zubereitung Ihrer Mahlzeiten verwenden können. Es ist auch mit erstklassigen Einrichtungen ausgestattet, darunter ein Vier-Flammen-Herd, ein Backofen, ein zweitüriger Kühlschrank, ein geräumiger Schrank mit hochwertigem Glas, eine Kaffeemaschine und ein Reiskocher."

4. Verwenden Sie keine billigen Wörter.

Sie müssen gut durchdachte Wörter verwenden, wenn Sie möchten, dass Ihr Angebot auffällt. Vermeiden Sie billige Wörter wie gut, großartig, schön oder fantastisch. Hyperbolische Sprache ist nicht mehr so überzeugend wie früher. Warum? Weil jeder sagt, dass sein Eigentum das Beste ist.

Um Ihre Buchungen zu erhöhen, müssen Sie spezifisch sein. Anstatt "fantastische Aussicht" zu sagen, sagen wir so etwas wie "das Hauptschlafzimmer bietet einen Blick auf die funkelnde Skyline der Stadt".

Andere Beschreibungsräume für Angebote

Neben der Zusammenfassung gibt es auch eine Reihe von optionalen "Beschreibungsabschnitten", darunter:

Über Ihren Raum

Hier beschreiben Sie Ihr Angebot. Wenn Sie die gesamte Immobilie an Ihre Gäste vermieten, schreiben Sie eine Beschreibung für jedes Zimmer. Warum? So können die Gäste die Schlafmöglichkeiten im Voraus planen. So können Ihre Gäste auch eine effiziente und budgetfreundliche Reiseroute planen.

Wenn Sie zum Beispiel eine detaillierte Beschreibung Ihrer Küche schreiben, können Ihre Gäste wählen, ob sie Speisen kochen möchten, anstatt in teuren Restaurants zu essen.

Nachfolgend finden Sie ein Beispiel, das Sie als Leitfaden verwenden können:

"Das Wohnzimmer:

Das Wohnzimmer hat ein modernes Interieur mit einem Sofa und zwei Chesterfield-Stühlen. Sie strahlt Komfort und Eleganz aus. Es hat einen Kamin, der Sie in kalten Nächten warm hält, und einen 45" Flachbildfernseher.

Die Küche:

Die Küche hat einen geräumigen Essbereich, in dem Sie und Ihre Reisekameraden gemeinsam essen können. Es hat Annehmlichkeiten, wie z.B:

- ✓ *Vierbrenner-Ofen*
- ✓ *Esstisch mit 6 Sitzen*
- ✓ *Griller*
- ✓ *Messer, Teller, Untertassen, Teller, Löffel und Gabeln*
- ✓ *Vollständige Geschirrspülmaschine*

- ✓ Papierhandtücher
- ✓ Kaffeemaschine
- ✓ Reiskocher

Diese Ferienwohnung hat drei Schlafzimmer, nämlich:

Raum 1: Hauptschlafzimmer mit Kingsize-Bett, Kommode, Nachttisch, TV, Bad, geräumiger begehbarer Kleiderschrank und Balkon mit Blick auf die Stadt.

Zimmer 2: Großes Zimmer mit einem Doppelstockbett und einem Doppelbett. Es bietet Wohnungseinheit für bis zu vier Personen. Es hat auch ein Badezimmer und einen Schrank.

Raum 3: Ein kleines Schlafzimmer mit zwei Einzelbetten. Gäste, die in diesem Zimmer wohnen, können das Flurbad benutzen. Es ist toll für Kinder."

Ihre Interaktion mit den Gästen

Dieser Bereich beschreibt Ihre Interaktion mit Ihren Gästen. Dies ist eine großartige Gelegenheit, Ihre Gäste wissen zu lassen, dass Sie die meiste Zeit nicht in der Nähe sein werden und dass Sie ihre Privatsphäre respektieren. Aber Sie sollten sie auch wissen lassen, dass sie dich kontaktieren können, falls sie etwas brauchen.

Sie könnten so etwas sagen wie:

"Wir haben ein "Self-Check-in"-Schließfach. Sie können sich aber jederzeit an unseren Gastgeber wenden. Er ist auf Bali unterwegs und kann Ihnen Insider-Informationen über die besten Orte der Stadt geben, darunter Restaurants, exklusive Bars, Fahrradverleih, Fitnessstudios, Strände und sogar Yoga-Studios."

Auf was Ihre Gäste zugreifen können

Sie müssen dies nicht tun, wenn Sie die gesamte Immobilie mieten. Aber, wenn Sie nur einen Raum vermieten, dann sollten Sie angeben, auf was Ihre Gäste zugreifen können.

Sie können Gemeinschaftsbereiche wie das Wohnzimmer, die Küche, den Hinterhof, die Terrasse oder den Pool erwähnen. Sie müssen auch die Bereiche erwähnen, die für die Gäste tabu sind, wie das Spielzimmer Ihrer Tochter oder die Bibliothek.

Details über Ihre Nachbarschaft

Airbnb-Nutzer buchen Immobilien, die sich in einer guten Nachbarschaft befinden. Dies ist der Grund, warum Sie über die Sicherheit und Schönheit Ihrer Nachbarschaft schreiben sollten. Wohnen Sie in einer bewachten Wohnanlage? Ist der Bereich gut beleuchtet? Ist es zugänglich? Wie weit ist es bis zur nächsten Bushaltestelle oder zum nächsten Bahnhof? Gibt es in Ihrer Nähe Einkaufszentren und Lebensmittelgeschäfte?

Versuchen Sie auch, fünf interessante Orte in Ihrer Nachbarschaft aufzunehmen. Hier ist ein Beispiel, das Sie verwenden können:

"Carries Gastfamilie befindet sich in Seminyak, direkt im Herzen der schönen Insel Bali. Es ist nur 35 Minuten vom Flughafen entfernt.

Es gibt viele Dinge, die Sie an diesem Ort tun können. Am Seminyak Beach können Sie reiten und surfen. Ein Meerestempel namens Pura Petitenget ist nur wenige Minuten entfernt.

Sie können Ihre Nächte in einer Strandbar namens Ku De Ta verbringen. Sie können Yoga im Seminyak Yoga Shala machen und in einem Einkaufszentrum namens Jalan Laksmana einkaufen. "

<u>*Wie man sich im Haus bewegt*</u>

Sie können dieses überspringen, wenn Sie keine Villa mit zehn Schlafzimmern und vier Stockwerken vermieten.

<u>*Andere Dinge, die Sie beachten sollten*</u>

Dies ist Ihre Gelegenheit, also schließen Sie einen "Aufruf zum Handeln" ein, um Ihre Leser zu ermutigen, Ihre Immobilie zu buchen.

Denken Sie daran, dass, wenn Gäste Ihre Beschreibung bis zum Ende lesen, dies bedeutet, dass sie interessiert sind. Sie brauchen nur einen kleinen Schubs. Deshalb sollten Sie einen interessanten Schlusssatz schreiben, der Ihre Leser ermutigen würde, Ihnen eine Anfrage zu schicken oder Ihr Wohnungseinheit zu buchen.

Sie können so etwas schreiben:

- *"Der Kalender ist schnell ausgefüllt, also schicken Sie mir eine Nachricht, um Ihre Reservierung zu sichern."*
- *"Ich freue mich darauf, Sie und Ihre Reisekumpels zu empfangen. Schicken Sie mir jetzt eine Nachricht."*
- *"Wenn Sie mit einem Budget reisen, schicken Sie mir einfach eine Nachricht und vielleicht können wir einen Deal aushandeln."*

Sie sollten in diesem Abschnitt auch die Check-in und die Check-out-Zeit angeben.

Ihre Angebotsbeschreibung ist ein Werkzeug, mit dem Sie Ihre Buchungen erhöhen können. Also stellen Sie sicher, dass es gut geschrieben ist. Schreiben Sie einen Entwurf, lesen Sie, was Sie geschrieben haben, und vergessen Sie nicht, ihn zu bearbeiten.

Sobald Sie bereit sind, laden Sie Ihre Fotos hoch. und Voila, Ihre Karriere als Airbnb Gastgeber hat offiziell begonnen.

Kapitel Zusammenfassung und Ihr Aktionsplan

Bevor Sie anfangen können, Geld von Airbnb zu verdienen, müssen Sie ein Konto erstellen. Sobald Sie fertig sind, können Sie Ihren Eintrag erstellen.

Hier ist eine Liste der Dinge, die Sie tun müssen, um Ihre Airbnb-Liste zu erstellen:

1. Registrieren Sie sich für den Service unter www. airbnb.com. Sie können Sich mit Ihrem E-Mail-, Facebook- oder Instagram-Konto anmelden. Denken Sie daran, dass Sie dieses Konto sowohl als Gast als auch als Gastgeber verwenden werden.

2. Sie müssen Ihre Profilinformationen wie Profilfoto, Telefonnummer, bevorzugte Sprache, Standort, Ausbildung, Zeitzone, Beruf und Notfallkontaktdaten hinzufügen.

3. Um Ihren Immobilieneintrag zu erstellen, müssen Sie auf die Schaltfläche "Gastgeber werden" klicken. Sie sollten auch einige grundlegende Informationen über Ihr Angebot hinzufügen. Sie müssen Ihre Beschreibung hinzufügen. Dann bestimmen Sie Ihren Nachttarif. Sie können auch zusätzliche Gästeinformationen anfordern, wenn Sie Interesse an der Untersuchung Ihrer Gäste haben.

4. Erstellen Sie Ihre Hausordnung, um sich und Ihr Eigentum zu schützen. Sie müssen sich darüber im Klaren sein, was Sie von den Gästen erwarten.

Wenn Sie Ihre Angebotsbeschreibung schreiben, versuchen Sie, den gesamten Platz, den Airbnb bietet, zu nutzen. Beschreiben Sie jedes Zimmer und vergessen Sie nicht, Ihre besten Annehmlichkeiten hervorzuheben.

Teil II - Erhöhen Sie Ihre Buchungen und werden Sie ein Super Gastgeber!

Der zweite Teil des Buches spricht darüber, was ein Super Gastgeber ist und warum Sie danach streben sollte, einer zu sein. Es geht auch um Marketing- und SEO-Strategien, mit denen Sie Buchungen erhöhen können. In diesem Teil erfahren Sie auch, wie Sie Ihren Mitbewerbern immer einen Schritt voraus sein werden und ein Superstar-Gastgeber werden können.

Kapitel 5 - Was ist ein Super Gastgeber und warum sollten Sie danach streben, einer zu werden?

Ein Super Gastgeber ist ein erfahrener Airbnb Gastgeber, der seinen Gästen außergewöhnliche und erstklassige Erlebnisse bietet. Diese Gastgeber erhalten in der Regel von ihren Gästen eine Fünf-Sterne-Bewertung. Es ist eine Bezeichnung für Gastgeber, die bestimmte Kriterien erfüllen.

Wenn Sie es ernst meinen, viel Geld auf Airbnb zu verdienen, sollten Sie danach streben, ein Super Gastgeber zu werden. Warum? Nun, es erhöht Ihre Airbnb Einnahmen schneller und es baut auch Ihre Glaubwürdigkeit auf. Es hilft Ihnen, auch mehr Gäste anzuziehen.

Ein Super Gastgeber zu sein, ist nicht so schwer zu erreichen. Sie müssen nur ein toller Gastgeber sein und bestimmte Kriterien erfüllen.

Super Gastgeber-Kriterien

Um ein Super Gastgeber zu werden, müssen Sie die folgenden Kriterien erfüllen:

1. Sie müssen zehn Buchungen oder drei Langzeitreservierungen abgeschlossen haben, die insgesamt mindestens hundert Übernachtungen pro Jahr ergeben. Zum Beispiel, wenn Sie vier Kunden haben, die jeweils mindestens 30 Tage bei Ihnen waren, dann sind Sie qualifiziert. Wenn Sie wirklich gut sind, werden Sie in weniger als sechs Monaten ein Super Gastgeber werden.

2. Sie haben eine Rezensionsrate von mindestens 50 Prozent. Das bedeutet, dass mindestens die Hälfte Ihrer Gäste eine Bewertung abgeben muss.

3. Sie müssen eine Rücklaufquote von neunzig Prozent haben. Deshalb sollten Sie auf alle Anfragen und Nachrichten zum Airbnb-System antworten.

4. Sie müssen keine Stornierungen haben, außer in mildernden Umständen wie Tod in der Familie, schwere Krankheit, Geschworenenpflichten, Gerichtsauftritte, Reisebeschränkungen, militärischer Einsatz, Flughafensperrung, Straßensperrung oder schwere Sachschäden.

5. Sie müssen eine Bewertung von mindestens 4,8 haben.

Sie müssen Sich nicht bewerben, um ein Super Gastgeber zu werden. Airbnb führt in der Regel ein vierteljährliches Assessment für jeden Gastgeber durch. Wenn Sie die

Kriterien erfüllen, wird Airbnb Sie etwa zehn Tage nach der Bewertung über Ihren Super Gastgeber-Status informieren.

Warum sollten Sie danach streben, ein Super Gastgeber zu werden?

Super Gastgeber sind glaubwürdiger. Erstmalige Airbnb-Nutzer werden höchstwahrscheinlich Wohnungseinheiten buchen, die sich im Besitz von Super Gastgeber befinden.

Außerdem können Sie mit einem Super Gastgeber-Status häufiger buchen und etwas mehr verlangen.

Hier sind ein paar Vorteile eines Super Gastgeber-Status:

1. Super Gastgeber erhalten ebenfalls vorrangigen Support. Das bedeutet, dass sie durch die Warteschlange beschleunigt werden. Ihre Probleme werden immer schneller und schneller gelöst.

2. Viele Airbnb-Gäste nutzen den Super Gastgeber-Filter. Das bedeutet, dass sie nur Super Gastgeber sehen können. Wenn Sie also einen Super Gastgeber-Status haben, können Sie Zugang zu einer wählerischen Gruppe von Gästen erhalten. Dies führt zu mehr Buchungen und höheren Umsätzen.

3. Menschen, die ihren Super Gastgeber-Status für ein Jahr beibehalten können, erhalten einen Reisegutschein im Wert von hundert Euro. Sie können dies für ihren eigenen Airbnb-Urlaub ausgeben.

4. Super Gastgeber werden in der Regel zu exklusiven Airbnb-Veranstaltungen oder Neuerscheinungen eingeladen.

Auch die Forschung zeigt, dass Super Gastgeber mehr als zwanzig Prozent mehr verdienen als normale Gastgeber.

Grundlegende und Insider-Tipps, die Ihnen helfen können, ein Super Gastgeber zu werden.

Ein Super Gastgeber zu werden, ist nicht so schwer. Nachfolgend finden Sie eine Liste von grundlegenden und Insider-Tipps, mit denen Sie den Super Gastgeber-Status erreichen können.

Planen Sie Ihre Airbnb Zeit

Sie müssen mindestens eine 90 Prozentige Antwortquote haben, um ein Super Gastgeber zu werden. Das bedeutet, dass Sie in der Lage sein sollten, auf die meisten Ihrer Nachrichten innerhalb des 24-Stunden-Fensters zu reagieren. Das ist eine ziemliche Herausforderung, besonders wenn man einen Tagesjob hat.

Der beste Weg, eine hohe Rücklaufquote zu erreichen, ist, Ihre Airbnb-Reaktionszeit in Ihren Zeitplan zu integrieren. So können Sie beispielsweise täglich von 8:00 bis 9:00 Uhr und von 19:00 bis 20:00 Uhr auf Airbnb-Nachrichten antworten. Dies erhöht Ihre Rücklaufquote und verbessert das Erlebnis Ihrer Gäste.

Auch wenn Sie auf Reisen sind und keinen Internetzugang haben, können Sie über Super Gastgeber Tools ein Auto-Response-System einrichten. Dieses System hilft Ihnen bei der Verwaltung und Automatisierungen Ihres Airbnb-Eintrags. Dieses Tool hat fantastische Funktionen wie:

- ✓ Automatische Überprüfung - Dies ermöglicht es Ihnen, Ihre Gäste (mit fünf Sternen) nach dem Auschecken automatisch zu überprüfen. Dieses System sendet eine Nachricht an Ihre Gäste, um ihnen mitzuteilen, dass Sie eine Fünf-Sterne-Bewertung hinterlassen haben.

- ✓ Automatische Nachrichten - Sie können diese Funktion nutzen, um Ihren Gästen automatisierte (und dennoch personalisierte) Nachrichten zu senden.

- ✓ Multiple Listings - Diese Funktion ermöglicht es Ihnen, mehrere Listings zu verwalten.

Der Punkt ist das Sie ein Airbnb Unternehmer sind, und volle Kontrolle über Ihre Zeit haben. Also müssen Sie Ihre Zeit gut managen. Planen Sie Ihre Airbnb-Zeit und automatisieren Sie bei Bedarf einige Aufgaben.

Füllen Sie Ihr Gastgeberprofil aus

Das Ausfüllen Ihres Gastgeber-Profils ist der erste Schritt, um ein Super Gastgeber zu werden. Ein intensives und detailliertes Profil erhöht Ihre Glaubwürdigkeit. Es gibt Ihnen auch die Möglichkeit, sich als kompetenter, zuvorkommender und außergewöhnlicher Gastgeber zu positionieren. Hier ein paar Schritte, wie Sie das machen können:

Schritt 1 - Überprüfen Sie Ihre Offline-ID.

Dieser Schritt ermöglicht es Ihnen, sich als vertrauenswürdiger, zuverlässiger und glaubwürdiger Gastgeber zu etablieren. Wenn Sie dies tun, überprüft Airbnb Ihre Identität anhand einer von der Regierung ausgestellten ID, um sicherzustellen, dass alle Ihre Daten korrekt sind.

Gehen Sie dazu in Ihre "Profileinstellungen". Gehen Sie dann auf die Registerkarte "Vertrauen und Verifizierung", und dann müssen Sie Airbnb eine gescannte Kopie Ihrer staatlich ausgestellten ID zusenden.

Schritt 2 - Veröffentlichen Sie eine interessante Beschreibung von sich selbst.

Eine interessante persönliche Beschreibung verbessert Ihre Sympathie als Gastgeber und erhöht Ihre Buchungen. Ihre persönliche Beschreibung ist nur 73 Zeichen lang, also müssen Sie Ihre Wörter gut auswählen.

Verwenden Sie den Teil mit der persönlichen Beschreibung, um Ihre Interessen zu beschreiben und Ihre Fähigkeiten als Gastgeber zu präsentieren. Hier ist ein Beispiel, das Sie als Leitfaden verwenden können:

"Ich habe umfangreiche Erfahrungen in der Hotellerie. Ich bin seit fünf Jahren Airbnb Gastgeber. Ich besitze derzeit fünf Wohnungseinheiten - 4 Eigentumswohnungen und eine tropische Villa mit drei Schlafzimmern. Ich habe mehr als hundert Personen aufgenommen und zähle immer noch. Ich bin leidenschaftlich daran interessiert, meinen Gästen ein außergewöhnliches Erlebnis zu bieten. Ich bin zugänglich, organisiert und motiviert. Ich investiere viel Zeit und Mühe in meine Wohnungseinheiten."

Denken Sie daran, Ihre Beschreibung professionell und dennoch lustig und interessant zu halten. Halten Sie es auch so kurz und direkt wie möglich.

Schritt 3 - Laden Sie ein interessantes, aber professionelles Profilbild hoch.

Es ist eine gute Idee, Ihr aktualisiertes Foto auf Ihre Profilseite hochzuladen, wenn Sie Ihre Buchungen erhöhen und ein Super Gastgeber werden wollen.

Denken Sie daran, Airbnb ist keine Dating-Website und definitiv nicht Ihre regelmäßige Freizeit-Social-Networking-Website. Also, posten Sie keine Fotos von Ihnen beim

Fallschirmspringen oder beim Spielen mit Ihrem Hund. Am besten ist es, ein Foto von Ihnen zu posten, wie Sie im Wohnzimmer Ihrer Wohnungseinheit sitzen oder vor Ihrem Haus stehen.

Sie können auch ein Foto von Ihnen in einem knackigen Dreiteiligen Anzug veröffentlichen. Wenn Sie ein Kurzzeitvermietungsunternehmen leiten, können Sie das Foto des Teams veröffentlichen, das für die Gestaltung, Dekoration und Verwaltung Ihrer Immobilien verantwortlich ist.

Schritt 4 - Füllen Sie den Abschnitt "Über mich" aus.

Der Bereich "über mich" gibt Ihnen die Möglichkeit, sich selbst zu beschreiben und Ihren Gästen eine Vorstellung davon zu vermitteln, wer Sie sind und was Ihnen gefällt. Sie können interessante Fakten über sich selbst Integrieren, wie Ihre Alma Mater, Hobbys und die Sprachen, die Sie sprechen.

Nachfolgend finden Sie ein Beispiel, das Sie als Leitfaden verwenden können:

"Ich bin Emily. Ich bin eine Mutter für zwei wunderbare Kinder und eine Frau für einen erstaunlichen Mann. Ich habe einen Abschluss in Betriebswirtschaft. Ich habe umfangreiche Erfahrung in der Immobilien- und Gastgewerbebranche. Ich liebe es zu reisen, deshalb bin ich leidenschaftlich daran interessiert, anderen Reisenden qualitativ hochwertige und komfortable Zimmer zur Verfügung zu stellen. Ich war in 23 Ländern und 56 Städten."

Schritt 5- Bereitstellen von Referenzen

Sie haben die Möglichkeit, Referenzen hinzuzufügen, Personen, die über Sie und Ihre Immobilien sprechen können. Ihre Referenzen können ein sozialer Beweis sein, den Sie nutzen können, um Ihre Glaubwürdigkeit zu erhöhen.

Sie können zwei Ihrer vertrauten Freunde bitten, eine gute Show für Sie zu machen. Bitten Sie sie, Referenzen zu schreiben, die Ihre Professionalität, Ehrlichkeit, Zuverlässigkeit und Freundlichkeit hervorheben.

Schritt 6 - Erstellen einer strategischen Wunschliste

Erstellen Sie eine Wunschliste mit sauberen und hochwertigen Eigenschaften. Das zeigt Ihren Gästen, wie wichtig Ihnen Sauberkeit ist.

Seien Sie ehrlich

Es ist großartig, Ihre Wohnungseinheit in ein positives Licht zu rücken, aber übertreiben Sie nicht. Seien Sie ehrlich, wenn Sie Ihre Fotos und Beschreibungen veröffentlichen. Zum Beispiel, sagen Sie nicht, dass Ihr Haus einen Pool hat, wenn es keinen hat. Sie müssen die richtigen Erwartungen setzen.

Halten Sie Ihre Fotobearbeitung auf ein Minimum. Es ist wichtig, eine großartige Marketingkopie zu schreiben, aber versuchen Sie nicht, Ihre Produkte zu verkaufen. Und vor allem, machen Sie keine Versprechungen, die Sie nicht halten können.

Entlarven der Mythen über den Airbnb Super Gastgeber Status

Viele Leute denken, dass es schwierig ist, ein Super Gastgeber zu werden, was viel Zeit und Geld erfordert. Aber das ist nicht ganz richtig. Hier sind die häufigsten Mythen darüber, wie man ein Super Gastgeber ist:

1. Sie können keinen Tagesjob haben, weil Sie "24/7" auf Abruf sind.

Sie müssen sich nicht 24 Stunden am Tag, sieben Tage die Woche um Ihr Airbnb-Konto kümmern. Tatsächlich haben viele erfolgreiche Super Gastgeber einen Tagesjob. Einige von ihnen sind Buchhalter, Anwälte und sogar Ärzte.

Es gibt eine Reihe von Tools von Drittanbietern, mit denen Sie Ihr Konto automatisieren können. Sie können Ihre Zeit auch verwalten, indem Sie Ihre täglichen Airbnb-Aufgaben in Ihren Zeitplan integrieren.

2. Sie müssen viele Eigenschaften haben, um ein Super Gastgeber zu werden.

Es ist wahr, dass man mit vielen Immobilien viel mehr Geld verdienen kann. Aber man muss nicht mehrere Wohnungseinheiten haben, um ein Super Gastgeber zu sein.

Sie können ein Super Gastgeber werden, auch wenn Sie nur einen Eintrag haben, solange Sie mindestens 10 Buchungen pro Jahr haben (was 100 Tage ergeben sollte).

3. Sie können ein Angebot nicht stornieren.

Normalerweise sollten Sie keine Stornierungen haben, um den Super Gastgeber-Status zu erreichen. Es gibt jedoch Ausnahmen. Airbnb ermöglicht es Ihnen, eine Buchung zu stornieren, wenn bestimmte berechtigte Umstände vorliegen, wie z.B. politische Unruhen, Naturkatastrophen, Tod in der Familie, schwere Sachschäden und schwere Krankheiten.

Kann ich meinen Super Gastgeber-Status verlieren?

Ja. Airbnb Gastgeber werden viermal im Jahr bewertet, und wenn Sie Ihre Bewertung und Ihre Bewertungsrate nicht bis zum nächsten Bewertungszeitraum beibehalten, kann Airbnb Ihnen Ihren Super Gastgeber-Status entziehen.

Um Ihren Super Gastgeber-Status aufrechtzuerhalten, müssen Sie die Anforderungen in jedem Bewertungszeitraum weiterhin erfüllen.

Kapitel Zusammenfassung und Ihr Aktionsplan

Ein Super Gastgeber ist ein elitärer Airbnb Gastgeber, der dafür bekannt ist, seinen Gästen einen außergewöhnlichen Service zu bieten. Super Gastgeber erhalten in der Regel vorrangigen Support. Ihre Angebote sind auch besser sichtbar, so dass sie mehr Buchungen und Einnahmen haben als normale Menschen. Hier sind ein paar Dinge, die Sie tun sollten, um ein Super Gastgeber zu werden:

- ✓ Sie müssen mindestens drei Buchungen pro Jahr haben. Diese Buchungen müssen 100 Tage betragen. Das bedeutet, dass Ihr Wohnungseinheit für hundert Tage im Jahr gebucht werden sollte.

- ✓ Sie müssen Ihre Gäste ermutigen, eine Bewertung zu schreiben, denn Sie müssen mindestens 50 Prozent der Bewertungen haben, um ein Super Gastgeber zu werden. Eine der besten Möglichkeiten, dies zu tun, ist, Ihren Gästen eine gute Bewertung gleich nach der Abreise zu geben. Dies wird sie ermutigen, den Gefallen zu erwidern.

- ✓ Sie müssen eine Rücklaufquote von neunzig Prozent haben. Das bedeutet, dass Sie auf fast alle Ihre Nachrichten innerhalb von 24 Stunden antworten müssen. Der beste Weg, dies zu tun, ist, Ihre Airbnb-Reaktionszeit zweimal täglich zu planen - morgens und abends. Diese Technik wird Ihnen helfen, auch Ihre Zeit zu verwalten.

- ✓ Sie sollten auch ein Gastgeber-Profil ausfüllen. Überprüfen Sie Ihre Offline-ID, um Ihre Glaubwürdigkeit zu erhöhen. Sie sollten auch auf Ihrem Foto wie ein Profi aussehen. Wenn Sie mehrere Angebote verwalten, sollten Sie das Foto Ihres Design- und Wartungsteams als Profilbild verwenden.

- ✓ Werden Sie sich in ein positives Licht, aber übertreibe nicht. Seien Sie ehrlich.

✓ Streichen Sie ein Angebot nur, wenn Sie extrem krank sind, jemand in Ihrer Familie gestorben ist oder eine Naturkatastrophe vorliegt.

Wenn Sie eine riesige Menge Geld auf Airbnb verdienen wollen, sollten Sie danach streben, ein Super Gastgeber zu sein. Ein Super Gastgeber zu sein erhöht Ihre Glaubwürdigkeit und Ihre Buchungen. Es gibt auch ein paar tolle Belohnungen. Außerdem ist es eine große Quelle des Stolzes.

Kapitel 6 - Optimieren Sie Ihren Eintrag: Verwenden Sie SEO-Techniken, um Ihre Buchungen zu erhöhen.

Um ein Super Gastgeber zu werden und Ihre Buchung zu maximieren, muss Ihre Wohnungseinheit für mindestens 100 Tage im Jahr gebucht werden. Um Ihnen die Wahrheit zu sagen, das ist nicht einfach zu erreichen. Dies ist der Grund, warum Sie SEO-Strategien einsetzen sollten, um die Sichtbarkeit Ihres Angebots zu erhöhen und Ihre Buchungen zu erhöhen.

Airbnb ist letztendlich eine Suchmaschine, die einen "Search Ranking Algorithmus" verwendet, um den Gästen zu helfen, die beste Auflistung für ihre Reise zu finden. Wenn Sie nicht auf den ersten Seiten der Airbnb-Suchergebnisse sind, ist die Wahrscheinlichkeit, dass Sie Buchungen erhalten, geringer.

Also, um es den Gästen leichter zu machen, Sie zu finden, müssen Sie eine Internet-Marketing-Strategie namens SEO oder Suchmaschinenoptimierung anwenden. Diese Strategie zielt darauf ab, Ihr Ranking auf den Airbnb-Ergebnissen zu verbessern und Ihr Angebot für potenzielle Gäste besser sichtbar zu machen.

Hier ist eine Liste von SEO-Tipps, die Sie verwenden können, um Ihren Eintrag zu optimieren und mehr Buchungen zu erhalten:

SEO Hack #1: Integrieren Sie Ihren Standort in Ihrem Titel und Ihrer Beschreibung.

Airbnb funktioniert wie Google. Gäste geben den Ort in der Regel in der Suchleiste ein. So wird das Ranking Ihres Angebots in den Airbnb-Ergebnissen höher sein, wenn Ihr Titel Ihren Standort enthält.

Es ist auch eine gute Idee, ansprechende Keywords zu verwenden, die für Ihren Standort relevant sind, wie z.B. Touristenattraktionen, Sehenswürdigkeiten und Festivals.

SEO Hack #2: Lassen Sie Ihren Eintrag auffallen.

Die Gäste sind in der Regel auf der Suche nach einer qualitativ hochwertigen Unterkunft. Deshalb müssen Sie sich abheben. Sie müssen starke beschreibende Wörter verwenden. Ihr Hauptauflistungsfoto muss auch Ihre besten Annehmlichkeiten wie das schöne Äußere am Strand oder das romantische Schlafzimmer zeigen.

SEO Hack #3: Beantworten Sie die Anfragen so schnell wie möglich.

Wenn Sie ein Gast sind, würden Sie ernsthaft sauer werden, wenn Sie einen Gastgeber kontaktieren und einen Monat später eine Antwort erhalten? Aus diesem Grund belohnt der Airbnb-Suchalgorithmus diejenigen, die schnell auf die Gäste reagieren.

Um also auf Seite 1 der Suchergebnisse zu gelangen, müssen Sie die Nachrichten Ihrer Gäste so schnell wie möglich beantworten. Sie müssen keine vollständige Antwort geben. Sie können einfach sagen: "Danke für Ihre Frage, ich melde mich so schnell wie möglich bei Ihnen".

SEO Hack #4: Aktualisieren Sie Ihren Kalender regelmäßig.

Sie werden höchstwahrscheinlich in den Suchergebnissen Wohnungseinheitiert, wenn Ihr Eintrag korrekt ist. Deshalb sollten Sie Ihre täglichen Preise und Kalenderverfügbarkeiten regelmäßig (wenn möglich täglich) aktualisieren.

SEO Hack #5: Erhalten Sie fünf Sterne Bewertungen

Airbnb möchte seinen Nutzern einen großartigen Service bieten, deshalb stehen gut bewertete Angebote in der Regel an erster Stelle.

Um Ihre Buchungen zu erhöhen, müssen Sie sicherstellen, dass Sie gute Bewertungen erhalten und Ihren Gästen einen hervorragenden Service bieten.

Vergessen Sie auch nicht, Ihren Gästen direkt nach der Abreise eine E-Mail zu schreiben. Sie müssen aktiv nach kritischem Feedback fragen. Sie müssen ihnen mitteilen, dass Sie es ernst meinen mit der Verbesserung Ihrer Dienstleistungen. Sagen Sie ihnen, dass ihr Feedback entscheidend für Ihren Erfolg ist.

Vergessen Sie auch nicht, Ihrem Gast eine Bewertung zu hinterlassen. Es ist wahrscheinlicher, dass Gäste Ihnen eine Bewertung schreiben, wenn Sie sie zuerst überprüfen.

SEO Hack #6: Erstellen Sie einen Reiseführer

Mit Airbnb können Sie ein grundlegendes Handbuch für Ihre Gäste erstellen. Dieses Handbuch enthält beliebte Reiseziele, Einkaufsgebiete und Restaurants.

Airbnb-Benutzer suchen normalerweise nach Sehenswürdigkeiten, Nachbarschaften und Touristenfallen, so dass die Aufnahme beliebter Ziele in Ihr Angebot Ihre

Sichtbarkeit in den Suchmaschinenergebnissen erhöht. Wir werden später mehr über diesen Leitfaden diskutieren.

SEO Hack #7: Reduzieren Sie Ihre minimalen Nachtanforderungen und erhöhen Sie Ihr Nachtlimit.

Wenn Sie möchten, dass Ihr Angebot in der bestmöglichen Anzahl von Suchanfragen erscheint, müssen Sie die Mindestnächte reduzieren. Sie sollten auch Ihr maximales Nachtlimit erhöhen. Warum? Denn der Airbnb-Algorithmus priorisiert Angebote mit niedriger minimaler Nachtgrenze und hoher maximaler Nachtgrenze.

Aber, wenn Sie ein neuer Gastgeber sind und Sie sich nicht sicher sind, ob Sie dies auf lange Sicht tun wollen, sollten Sie Ihr maximales Nachtlimit auf eine Woche festlegen. Auf diese Weise werden Sie nicht mit Gästen in Kontakt kommen, die sechs Monate bei Ihnen bleiben wollen.

SEO Hack #8: Bieten Sie einen monatlichen Rabatt an.

Airbnb möchte auch diejenigen bedienen, die Wohnungen für mehr als 29 Tage mieten. Wenn Sie also möchten, dass Ihr Angebot in vielen Suchanfragen erscheint, müssen Sie einen monatlichen Rabatt auf Ihren Basispreis anbieten.

Um dies zu tun, müssen Sie zu Ihrem Angebot gehen. Klicken Sie dann auf "Eintrag verwalten". Klicken Sie auf "Preise". Bearbeiten Sie dann die "Preise für die Aufenthaltsdauer". Geben Sie den Betrag Ihres monatlichen Rabatts ein. Die Bereitstellung monatlicher Rabatte kann Ihnen helfen, langfristige Gäste anzuziehen.

SEO Hack #9: Aktivieren Sie die Funktion "Sofortbuchung".

Die Sofortbuchung ist eine Funktion, die es Gästen ermöglicht, eine Immobilie sofort zu buchen. Da die meisten Reisenden gerne schnell ein Zimmer buchen, erhöht diese Funktion auch Ihre Reservierungen.

Die Verwendung dieser Funktion hält Sie davon ab, Ihre Gäste zu überprüfen. Aber es erhöht auch die Sichtbarkeit Ihres Angebots. Also müssen Sie eine Entscheidung treffen. Möchten Sie Ihre Gäste auswählen können oder möchten Sie in der Airbnb-Suchmaschine Wohnungseinheitiert werden?

SEO Hack #10: Informieren Sie sich über die besten Airbnb-Verdiener in Ihrer Nähe und finden Sie heraus, was ihre Keywords sind.

Gehen Sie zu AirDNA. Geben Sie Ihren Standort in die Suchleiste ein und gehen Sie zu "Top-Objekte", um die Top-Verdiener zu sehen. Dann schauen Sie sich die "Keywords" an, die in den Top-Earning-Listen verwendet werden.

Sie werden sehen, dass, wenn Sie den Ort "San Francisco" eingeben, Sie sehen werden, dass die Top-Listen Schlüsselwörter wie "near Hollywood", "villa", "retreat" und "view" verwenden.

SEO Hack #11: Integrieren Sie das Geschenk der Natur in Ihre Fotos.

Sie müssen Ihre Immobilie im bestmöglichen Licht präsentieren. Der beste Weg, dies zu tun, ist, natürliche Ansichten in Ihre Fotos zu integrieren. Wenn Sie zum Beispiel in einer Bergregion leben, fotografieren Sie im Sommer oder Frühjahr, damit Sie die Schönheit der grünen Bäume einfangen können. Wenn Sie auf einer Insel leben, ist es am besten, ein Foto von der Sonnenuntergangsansicht Ihres Hauses zu posten.

SEO Hack #12: Ihr Titelbild muss die Gesamtstimmung Ihres Standorts ausstrahlen.

Reisende buchen höchstwahrscheinlich eine Immobilie, die die Atmosphäre des Ortes, zu dem sie reisen, ausstrahlt. Dies ist der Grund, warum Ihr Angebots-Cover-Foto die Atmosphäre und den Reiz Ihres Standorts ausstrahlen muss.

Wenn Sie beispielsweise eine Eigentumswohnung in Las Vegas vermieten, muss Ihr Titelbild die Brillanz, Helligkeit und den Glanz der gesamten Stadt festhalten.

Wenn Sie eine Villa auf Bali vermieten, muss Ihr Foto die Schönheit und die entspannte Atmosphäre der Insel festhalten.

A haven of tranquility on the Island of the Gods. A seamless blend of concrete floors, vaulted ceilings, and open walls creates a stylish tropical retreat rippling with character. The funky kitchen showcases faded retro tiles. 2 min walk to beach.

"Just can't beat going for a quick swim or surf at the beach in the morning."

SEO Hack #13: Ihre Angebotsbeschreibung muss scanbar sein.

Der Abschnitt "about space" hat keine Begrenzung, aber Sie sollten beachten, dass Airbnb-Benutzer nicht genug Zeit haben, um eine lange Beschreibung zu lesen. Deshalb sollten Sie Ihre Beschreibung scanningfähig machen.

Befolgen Sie dazu die folgenden Tipps:

- ✓ Verwenden Sie interessante Wörter.

- ✓ Verwenden Sie Aufzählungszeichen. Scheuen Sie sich nicht, die Vorteile aufzuzählen. Scheuen Sie sich auch nicht, Bindestriche (-), Pluszeichen (+) und einen Pfeil (→) zu verwenden. Diese Zeichen machen Ihre Beschreibung besser lesbar.

- ✓ Unterteilen Sie Ihre Beschreibung in Abschnitte, wie Schlafzimmer, Bad, Wohnzimmer, Außenbereich, Annehmlichkeiten und Zusatzleistungen. Zum Beispiel:

  - Küche: Ausgestattet mit Wohnungseinheiten und Werkzeugen zum Essen und Kochen wie Tische, Stühle, Kühlschrank, Wasserkocher, Brotröster, Mikrowelle und Herd.

  - Wohnzimmer: Ein großartiger Wohnungsbereich zum entspannen. Es hat ein großes Sofa, drei Chesterfield-Sessel, einen 24-Zoll-Flachbildschirm und eine gute Beleuchtung.

  - Hauptschlafzimmer: Elegant mit modernem Interieur. Genug Platz für drei Personen mit Queen-Size-Bett, Kommode, TV und einem Schrank. Es verfügt über ein eigenes Bad und eine Klimaanlage.

  - Schlafzimmer 2: Sauber und mit einem klassischen Interieur. Dieses Zimmer hat zwei Einzelbetten mit Klimaanlage.

- ✓ Seien Sie präzise. Anstatt zum Beispiel zu sagen: "Die Hütte ist von Bäumen umgeben", sagen Sie: "Diese kleine, ein Schlafzimmer große Hütte ist in ein Meer aus Mahagoni und Pinien eingebettet".

- ✓ Scheuen Sie sich nicht, ein wenig Humor in Ihr Angebot aufzunehmen. Denken Sie daran, dass Schönheit das Auge anzieht, aber es ist die Persönlichkeit, die das Herz gewinnt.

- ✓ Teilen Sie Insiderwissen über Ihre Nachbarschaft. Das wird Ihre Beschreibung ein wenig interessant machen.

Benutzen Sie einfache Wörter. Halten Sie Ihre Sätze kurz. Dies ist kein Essay-Wettbewerb. Also müssen Sie nicht all diese hifalutinischen Wörter verwenden.

SEO Hack #14: Schreiben Sie interessante Bildunterschriften.

Man sagt, dass ein Foto mehr als tausend Worte sagt. Das ist wahr. Aber, Sie sollten auch erstaunliche Bildunterschriften wie:

- "Romantisches Liebesnest perfekt für Flitterwöchner."
- "Diese Wohnung hat einen atemberaubenden Blick auf die Skyline der Stadt."
- "Boho schicke Küche, die Spaß und eklektische Stimmung ausstrahlt."

Wenn Sie ein Foto des Bettes posten, beschreiben Sie, wie bequem es ist und welche Art von Matratze Sie verwenden. Es ist auch eine gute Idee, angespannte Verben wie Schlaf, Schreiben, Essen oder Arbeiten zu verwenden. Dies wird Ihre potenziellen Gäste ermutigen, Maßnahmen zu ergreifen.

SEO Hack #15: Fügen Sie die Geschwindigkeit Ihres WiFi in Ihre Angebotsbeschreibung ein.

Viele Reisende wollen mit ihren Lieben in Verbindung bleiben, auch wenn sie tausend Meilen entfernt sind. Deshalb sollten Sie die Geschwindigkeit Ihres WiFi als Verkaufsargument positionieren.

Hier sind einige Tools, mit denen Sie Ihre WiFi-Geschwindigkeit testen können:

- http://www.speedtest.net/
- https://fast.com/
- http://speedtest.googlefiber.net/

SEO Hack #16: Fügen Sie ein Foto von einzigartigen Formen und interessanten Gegenständen in Ihr Eigentum ein.

Um den Charakter Ihres Angebots zu erfassen, fotografieren Sie einzigartige Gegenstände in Ihrer Mietfläche. Es können attraktive Flaschen, Skulpturen, Gemälde oder Lampen sein.

SEO Hack #17: Optimieren Sie Ihren nächtlichen Preis

Wenn Sie noch neu sind, erhalten Sie nicht so viele Buchungen, weil Sie nicht viele Bewertungen haben. Sie können das "Word of Mouth"-Marketing noch nicht nutzen. Es gibt keinen sozialen Beweis.

Um Ihren Ruf aufzubauen, ist es also am besten, Ihren Preis vorübergehend zu senken, um Buchungen zu fördern.

Schauen Sie nach anderen Angeboten in Ihrer Nähe und finden Sie heraus, wie viel sie kosten. Dann nehmen Sie etwas weniger als alle anderen. Machen Sie sich keine Sorgen. Sie können Ihren Preis im Laufe der Zeit schrittweise erhöhen, während Sie Ihren Ruf aufbauen. Sie können auch eine Reinigungsgebühr erheben, um den reduzierten Preis auszugleichen.

SEO Hack #18: Bitten Sie Ihre Freunde, Ihren Eintrag auf ihrer Wunschliste hinzuzufügen.

Eine der besten Möglichkeiten, Ihre Sichtbarkeit in den Suchmaschinenergebnissen zu erhöhen, besteht darin, andere Personen dazu zu bringen, auf das "Herz" oder den "Wunschknopf" zu klicken.

Wenn Ihr Eintrag viele Male "wunschgemäss" ist, denkt Airbnb, dass Ihre Immobilie gefragt ist. So würde das System Sie langsam auf Seite 1 der Suchergebnisse Integrieren. Sie haben keine Kontrolle darüber, wer Ihre Immobilie wünscht. Aber Sie können auch

Freunde und Familie bitten, Ihre Immobilie "auf die Wunschliste" zu setzen, um Ihnen zu helfen, Ihren Eintrag zu verbessern.

Sie müssen auch ein wirklich interessantes und attraktives Bild als Titelbild verwenden. Die meisten Leute wünschen sich Immobilien mit wirklich tollen Fotos.

SEO Hack #19: Stellen Sie sicher, dass Ihr Foto auf mobilen version gut aussieht.

Nachdem Sie Ihre Fotos veröffentlicht haben, melden Sie sich mit der mobilen version bei Airbnb an, um zu sehen, ob Ihr Foto auf Ihrem Handy oder Tablet gut aussieht. Wenn nicht, sollten Sie ein anderes Foto verwenden. Beachten Sie, dass Fotos im Querformat besser aussehen als Hochformatfotos.

Man kann nicht alles dem Glück überlassen. Wenn Sie mehr Buchungen erhalten Möchten, müssen Sie etwas unternehmen.

SEO Hack #20: Verlinken Sie Ihr Airbnb Listing mit Ihren Social Media Accounts.

Erstellen Sie Social Media-Konten für Ihren Eintrag und verknüpfen Sie sie dann mit Ihrem Airbnb-Konto.

Die Verknüpfung Ihres Airbnb-Eintrags mit Ihren Twitter-, Instagram und Facebook-Konten erhöht Ihre Online-Präsenz. Dies erleichtert es Ihnen auch, Ihr Airbnb-Listing auf diesen Social-Networking-Plattformen zu bewerben.

Erstellen Sie eine Geschichte und veröffentlichen Sie regelmäßig Fotos von Ihrer Wohnungseinheit. Stellen Sie sicher, dass Sie ansprechende Inhalte wie die Geschichte Ihrer Nachbarschaft oder Ihre Reise als Airbnb Unternehmer veröffentlichen. Vergessen Sie auch nicht, mit Ihren Anhängern zu interagieren und auf ihre Kommentare und Nachrichten zu reagieren.

SEO Hack #21: Holen Sie sich einen beliebten Blogger, um Ihr Eigentum zu präsentieren.

Eine der besten Möglichkeiten, Ihre Online-Präsenz zu verbessern, ist es, einen einflussreichen Blogger zu gewinnen, der Ihre Immobilie präsentiert. Sie können ein paar Reisebloggern eine Nachricht schicken und sie bitten, Sich im Austausch für eine oder zwei Übernachtungen in Ihrer Wohnungseinheit zu präsentieren.

Sie können auch Fotos Ihrer Immobilien an verschiedene Designblogs senden.

SEO Hack #22: Zusammenarbeit mit Ihren lokalen Tourismusbeauftragten

Wenden Sie sich an Ihre lokalen Tourismusverantwortlichen und fragen Sie sie, ob sie Ihren Eintrag auf ihren Websites veröffentlichen können.

Lokale Tourismus-Websites gelten als vertrauenswürdige Ressourcen für Touristen. So kann die Aufnahme in diese Websites Ihre Buchungen erhöhen und Ihren Ruf aufbauen.

Kapitel Zusammenfassung und Ihr Aktionsplan

Um ein Super Gastgeber zu werden, müssen Sie einen riesigen Zufluss an Buchungen haben. Daher sollten Sie Ihren Eintrag in den Suchergebnissen von Airbnb besser sichtbar machen. Auf diese Weise ist es einfacher, Sie zu finden.

Hier ist, was Sie tun sollten, um Ihre Airbnb-Liste zu verbessern und sie sichtbarer zu gestalten:

1. Integrieren Sie Ihre Location, berühmte lokale Events oder beliebte touristische Orte in Ihrem Titel. Zum Beispiel "1BR Geräumige Wohnung mit Bad bei der Eiffel" oder "3BR Stadthaus bei Coachella".

2. Beantworten Sie Anfragen so schnell wie möglich. Wenn Sie einen Vollzeitjob haben, können Sie Ihre Reaktionszeit morgens und abends planen. Aber, wenn Sie ein Vollzeit-Airbnb Gastgeber sind, ist es am besten, Ihre Nachrichten alle zwei Stunden zu überprüfen.

3. Aktualisieren Sie Ihren Kalender wöchentlich. Stellen Sie sicher, dass Ihre Annehmlichkeiten, Preise und Verfügbarkeiten auf dem neuesten Stand sind.

4. Geben Sie großen Service, damit Sie Fünf-Sterne-Bewertungen erhalten.

5. Halten Sie eine Mindestanforderung von einer Nacht ein. Erhöhen Sie auch Ihr maximales Nachtlimit. Aber, wenn Sie nicht planen, ein langfristiger Airbnb Gastgeber zu sein, ist es am besten, Ihr maximales Nachtlimit auf nur eine Woche zu begrenzen.

6. Bieten Sie einen monatlichen Rabatt an, wenn Sie ein langfristiger Airbnb Gastgeber sein möchten.

7. Aktivieren Sie die Funktion "Sofortbuchung".

8. Suchen Sie die besten Verdiener in Ihrer Nähe. Studieren Sie ihr Angebot und versuchen Sie, ihre "Keywords" zu kopieren.

9. Stellen Sie sicher, dass Sie ein attraktives Titelbild haben, das die Gesamtatmosphäre Ihrer Stadt ausstrahlt.

10. Verwenden Sie Aufzählungszeichen, Pfeile, Abschnitte und Pluszeichen. Dies macht Ihr Angebot "scanbarer".

11. Wenn Sie anfangen, halten Sie Ihren nächtlichen Preis niedrig. Dies wird dazu beitragen, Ihren Ruf zu verbessern.

Überprüfen Sie, ob Ihre Fotos und Beschreibungen auf mobilen Geräten gut aussehen, und nehmen Sie gegebenenfalls Anpassungen vor.

Kapitel 7 - Sei ein Superstar Gastgeber: Erhalten Sie Fünf-Sterne-Bewertungen und erhalten Sie mehr Buchungen.

Wenn Sie Tonnen von Geld durch Airbnb verdienen wollen, müssen Sie konstant hohe Bewertungen erhalten. Warum? Nun, die meisten Leute würden gut bewertete Immobilien buchen wollen.

Aber denken Sie daran, dass Sie auf sieben Bereichen bewertet werden, einschließlich:

- Gesamterlebnis - Haben Ihre Gäste den Aufenthalt in Ihrer Immobilie genossen?
- Sauberkeit - Haben Ihre Gäste Ihre Wohnungseinheit sauber und ordentlich gefunden?
- Genauigkeit - Wie genau ist Ihr Angebot? Seien Sie ehrlich, wie Ihre Wohnung aussieht? Haben die Gäste die Annehmlichkeiten in Ihrem Angebot erhalten?
- Kommunikation - Haben Sie die Anfragen Ihrer Gäste rechtzeitig beantwortet?
- Ankunft - Ist der Check-in-Prozess reibungslos und unkompliziert?
- Wert - Haben Ihre Gäste das Gefühl, dass sie ein gutes Preis-Leistungs-Verhältnis haben?
- Lage - Fühlen sich Ihre Gäste in Ihrer Nachbarschaft sicher?

Nachfolgend finden Sie einige Tipps und Hacks, mit denen Sie ein Superstar Gastgeber werden und eine Fünf-Sterne-Bewertung erhalten können.

Superstar Gastgeber-Tipp #1: Seien Sie freundlich und machen Sie einen guten ersten Eindruck.

Reagieren Sie rechtzeitig auf die Anfragen Ihrer Gäste. Achten Sie darauf, dass Sie die Airbnb-App auf Ihr Handy herunterladen, damit Sie Fragen leichter beantworten können. Aber die rechtzeitige Reaktion reicht einfach nicht aus, um Fünf-Sterne-Bewertungen zu erhalten. Um ein Airbnb Superstar zu werden, müssen Sie Ihren Gästen gegenüber freundlich sein. Sprechen Sie mit Ihren Gästen, als ob Sie mit Ihren engen Freunden sprechen.

Nachdem Sie eine Anfrage erhalten haben, können Sie so etwas sagen:

"Es ist mir ein Vergnügen, Sie kennenzulernen, Chris! Vielen Dank für Ihre Anfrage! Ich freue mich, Sie hier zu haben und die Stadt zu sehen. Wir sind nur wenige Schritte von der Tootsie's Orchid Lounge entfernt.

Was führt dich nach Nashville? Haben Sie bestimmte Orte, die Sie besuchen Möchten?"

Dies wird Ihnen helfen, einen guten ersten Eindruck zu hinterlassen.

Superstar Gastgeber Tipp #2: Erstellen Sie einen detaillierten Reiseführer.

Sie müssen sicherstellen, dass Ihre Gäste einen unterhaltsamen und problemlosen Urlaub haben. Eine Möglichkeit, dies zu tun, ist die Erstellung eines detaillierten Leitfadens.

Eines der besten Dinge an Airbnb ist, dass es Reisenden erlaubt, Städte wie ein Einheimischer zu erkunden. Deshalb ist es wichtig, dass Sie Ihren Gästen Insidertipps geben, wie Sie das Beste aus Ihrer Stadt herausholen können.

Hier sind ein paar Tipps, mit denen Sie einen detaillierten Reiseführer erstellen können:

1. Ihr Reiseführer sollte Folgendes enthalten:

   - ✓ *Touristische Attraktionen* - Was sind die besten Attraktionen in Ihrer Nähe. Sie können Tempel, Sehenswürdigkeiten, architektonische Juwelen und andere interessante Sehenswürdigkeiten beinhalten.

   - ✓ *Aktivitäten* - Was können die Gäste in Ihrer Nähe tun? Können sie im Park Schlittschuh laufen? Können sie Tauchen? Können sie Museen besuchen und Kabarettvorstellungen sehen?

   - ✓ *Restaurants* - Bieten Sie Ihren Gästen eine große Auswahl an Restaurants mit unterschiedlichen Menüs und Preisklassen. Wenn Sie zum Beispiel in Cincinnati wohnen, können Sie Ihren Gästen sagen, dass sie zum Gomez Salsa (107 East 12th Street) oder Findlay Market (1801 Race Street) gehen sollen, wenn sie leckere und erschwingliche Mahlzeiten möchten. Sie können auch Jean-Robert's Table (713 Vine Street) besuchen, wenn sie eine Date Night haben.

   - ✓ *Nachtleben* - Wenn Sie im Urlaub sind, wollen Sie sich einfach nur losreißen. Deshalb sollten Sie alle Nachtlokale der Stadt auflisten. Sie möchten, dass Ihre Gäste Spaß haben und das Beste aus ihrem Urlaub herausholen.

   - ✓ *Freie Dinge zu tun* - Listen Sie die besten freien Dinge auf, die Sie in Ihrer Stadt tun können. Es kann eine kostenlose Stadtrundfahrt oder ein kostenloses Museum sein. Ihre Gäste würden sich auf jeden Fall dafür bedanken.

✓ *Einkaufsviertel* - Wenn Sie auf Reisen sind, möchten Sie etwas kaufen, das Sie mit nach Hause nehmen können. Achten Sie daher darauf, die Einkaufsbereiche in Ihren Reiseleiter aufzunehmen. Vergessen Sie nicht, die Flohmärkte und andere Bereiche einzubeziehen, in denen Ihre Gäste einzigartige Gegenstände finden können.

✓ *Was ist zu beachten* - Hat Ihre Stadt eine Ausgangssperre oder strenge Gesetze für Zigaretten oder Alkohol? Wenn ja, stellen Sie sicher, dass Sie dies in Ihren Reiseführer aufnehmen.

2. *Fügen Sie eine Karte Ihrer Stadt bei. Stellen* Sie sicher, dass diese Karte die besten Orte und Restaurants in den Städten markiert. Wenn Sie eine große Immobilie vermieten, ist es auch eine gute Idee, eine Karte beizufügen, damit Ihre Gäste wissen, wo sich das Badezimmer befindet oder wo die Schlafzimmer sind.

3. *Integrieren Sie Ihre Hausordnung in Ihren Reiseleiter.* Sie können die "Do's" und "Don'ts" schreiben. Sie können auch den Off-Limit-Bereich einbeziehen. Wenn Sie in einer Eigentumswohnung oder einer Wohnung wohnen, beachten Sie die Bauvorschriften.

4. Sie können Ihren Reiseführer ausdrucken und bei sich zu Hause lassen oder ihn einfach 48 Stunden vor dem Check-in per E-Mail an Ihren Gast senden.

5. Fügen Sie eine Hausanleitung bei, die wichtige Informationen enthält, wie z.B. wo sich die Fernbedienung befindet, wo sich die zusätzlichen Blätter befinden, wie man die Klimaanlage einschaltet und wie man die Kaffeemaschine benutzt.

6. *Kuratieren Sie besondere Erlebnisse für Ihre Gäste.* Nehmen Sie sich Zeit, um Ihre Gäste kennenzulernen. Reisen sie zum Vergnügen oder zur Geschäftsreise? Sind es Flitterwöchner oder digitale Nomaden? Auf diese Weise können Sie Ihren Gästen bestimmte Aktivitäten empfehlen, die für sie interessant sind. Sie müssen nicht für jeden Gast ein eigenes Handbuch erstellen. Sie können einfach kleine Details hinzufügen.

7. Integrieren Sie Ihr WiFi-Passwort auf der ersten Seite Ihres Leitfadens / Handbuchs.

8. *Ihr Reiseleiter muss Spaß haben und verspielt sein.* Es handelt sich nicht um eine Abschlussarbeit, also scheuen Sie sich nicht, Grafiken und Bilder einzubinden. Es schadet auch nicht, ein wenig Humor zu benutzen.

Die Erstellung eines Leitfadens / Haushandbuchs erhöht Ihre Glaubwürdigkeit. Es erhöht auch Ihre Chancen, eine Fünf-Sterne-Bewertung zu erhalten.

Superstar Gastgeber Tipp #3: Stellen Sie einen Reiniger ein.

Wenn Sie ein wenig zwanghaft sind, sollten Sie Ihre Wohnungseinheit wahrscheinlich selbst reinigen. Aber, haben Sie die Zeit? Haben Sie die Energie?

Die Reinigung nimmt Ihnen den Fokus von Ihrem Vermietungsgeschäft. Es ist also am besten, es den Profis zu überlassen.

Die Einstellung eines professionellen Reinigers kann ein entscheidender Faktor sein. Ja, es kostet ein wenig Geld, aber es erhöht auch langfristig Ihre Gewinne. Sie können eine Person dafür beauftragen oder eine Reinigungsagentur bezahlen. Sie können die Reinigungskosten in Ihren Preis einbeziehen oder Ihren Gästen eine zusätzliche Gebühr berechnen.

Superstar Gastgeber Tipp #4: Lernen Sie Ihre Gäste kennen und geben Sie ihnen, was sie brauchen.

Scheuen Sie sich nicht, Ihren Gästen Fragen zu stellen, um herauszufinden, was sie brauchen. Sie können so etwas wie "Ich freue mich darauf, Sie hier in unserer Stadt zu haben" sagen. Reisen Sie zur Arbeit oder in den Urlaub"? Wenn Ihr Gast zur Arbeit reist, können Sie einen Schreibtisch oder ein paar Stifte zur Verfügung stellen. Sie können einige Strandbälle und andere Dinge zum Spielen lassen, wenn Ihre Gäste zur Freizeit reisen.

Nehmen wir an, dass sich Ihre Wohnungseinheit auf Bali befindet. Menschen, die nach Bali gehen, laufen meist vor ihrem täglichen Stress davon. Sie wollen nur am Strand sitzen, durch die Gegend fahren und surfen. So können Sie Ihren Gästen Strandtücher oder die Kontaktnummer des Motorradverleihs zur Verfügung stellen. Sie können auch ein Surfbrett zur Verfügung stellen.

Superstar Gastgeber Tipp #5: Seien Sie proaktiv.

Um eine schlechte Bewertung zu verhindern, müssen Sie proaktiv sein. Sie müssen Probleme beheben, sobald sie auftreten. Denken Sie daran, dass Ihre Gäste um die halbe Welt reisen, damit Probleme entstehen können. Flüge können sich verzögern und

Schlüssel können verloren gehen. Finden Sie also einen Weg, um den Stress und die Probleme Ihrer Gäste zu lindern.

Einfühlungsvermögen in Ihre Gäste. Seien Sie darauf vorbereitet, aufzustehen, wenn Ihre Gäste nachts ausgesperrt werden. Bleiben Sie ruhig, wenn Sie mit einer herausfordernden Situationen konfrontiert sind, und bieten Sie immer einen hervorragenden Kundenservice.

Superstar Gastgeber Tipp #6: Erscheinen Sie nicht unangekündigt.

Wenn Sie ein Anfänger sind, sind Sie natürlich begierig darauf, zu gefallen. Es ist toll, mit seinen Gästen freundlich zu sein, aber übertreib es nicht. Erscheinen Sie nicht unangekündigt. Es ist gruselig und Sie geben Ihren Gästen das Gefühl, dass sie keine Privatsphäre haben.

Wenn Sie Ihre Gäste besuchen und sie persönlich treffen Möchten, schicke ihnen eine Nachricht und frage sie, ob Sie vorbeikommen können.

Superstar Gastgeber Tipp #7: Haben Sie genügend Handtücher.

Handtücher sind etwas sperrig, so dass es keine Überraschung ist, dass Reisende keins mehr mitbringen. Deshalb sollten Sie genügend Handtücher haben. Sie sollten für jeden Gast mindestens zwei Handtücher zur Verfügung stellen.

Auch stellen Sie sicher, dass Sie mindestens vier Sets Handtücher haben. Auf diese Weise müssen Sie keine Handtücher drekt waschen, nachdem neue benötigt werden. Sie werden immer ein sauberes Handtuchset für neue Gäste haben.

Superstar Gastgeber-Tipps #8: Optimieren Sie Ihre Zeit

Ein Durchschnittliches Airbnb-Listing verdient 14.000 Euro pro Jahr. Das ist nicht schlecht für etwas, das Sie nebenbei machen. Aber Sie können nicht die ganze Zeit damit verbringen, die Fragen Ihrer Gäste zu beantworten. Es ist also ratsam, Wege zu finden, um Ihre Effizienz zu steigern.

Notieren Sie sich alle Antworten auf häufig gestellte Fragen, damit Sie sie einfach kopieren und einfügen können. Das spart Ihnen viel Zeit.

Superstar Gastgeber Tipp #9: Aktualisieren Sie immer Ihre Fotos und Beschreibungen.

Denken Sie daran, dass das, was jetzt funktioniert hat, in Zukunft möglicherweise nicht mehr funktioniert, also müssen Sie Ihr Angebot regelmäßig aktualisieren. Wenn Sie sich entschieden haben, Ihre Immobilie zu renovieren, aktualisieren Sie Ihre Fotos, damit es keine Überraschungen gibt. Ihre Fotos müssen den aktuellen Zustand Ihrer Immobilie widerspiegeln.

Superstar Gastgeber Tipp #10: Das Experiment

Nachdem Sie Ihr Angebot veröffentlicht haben, beobachten Sie, wie die Menschen auf Ihr Angebot reagieren. Wenn Sie nach einer Woche keine Buchung erhalten, nehmen Sie einige Änderungen an Ihrem Angebot vor. Sie können Ihr Profil oder Ihr Titelbild ändern. Sie können Ihren Standort im Titel hinzufügen und sehen, was passiert. Auf diese Weise wissen Sie, was funktioniert und was nicht.

Experimentieren Sie einfach weiter, bis Sie den "Sweet Spot" finden.

Superstar Gastgeber Tipp #11: Bieten Sie ein Willkommenspaket an

Ein Willkommenspaket gibt Ihren Gästen das Gefühl, sich wie zu Hause zu fühlen und sich wohl zu fühlen. Es gibt ihnen das Gefühl, wichtig zu sein, und es macht Sie als Gastgeber sympathisch. Es ist auch eine der einfachsten Möglichkeiten, sie zu beeindrucken.

Hier sind einige Ideen, die Sie bei der Vorbereitung Ihres Willkommenspakets verwenden können:

1. *Fügen Sie saisonale Artikel hinzu.* Wenn Ihre Gäste während des chinesischen Neujahrsfestes zu Besuch sind, können Sie Schokoladenmünzen und andere Gegenstände, die Ihnen Glück bringen, hinzufügen. Sie können auch Lebkuchen oder Zuckerrohr hinzufügen, wenn Ihre Gäste während der Weihnachtszeit übernachten.

2. Fügen Sie praktische Gegenstände wie Seife, Shampoo, Körperpeeling, Zahnpasta und Einwegzahnbürste hinzu. Warum? Nun, viele Reisende vergessen, diese wichtigen Dinge zu packen.

3. Fügen Sie etwas Leckeres hinzu. Sie können einen Beutel mit Chips oder gerösteten Nüssen beifügen.

4. Kaufen Sie die Artikel in großen Mengen und verpacken Sie Ihre Willkommenspakete einmal im Monat. Das spart Ihnen viel Zeit und Geld.

5. Personalisieren Sie jedes Willkommenspaket, indem Sie das kleine DIY-Tag mit dem Namen des Gastes anbringen.

Superstar Gastgeber Tipp #12: Verwenden Sie Airbnb, wenn Sie reisen.

Als Airbnb-Gast sind Sie ein besserer Gastgeber, weil es Ihnen hilft, ein paar tolle Gastgeber Tipps zu erhalten. Es hilft Ihnen auch, Ihre Gäste ein wenig besser zu verstehen. Also, wenn Sie das nächste Mal reisen, wählen Sie eine Airbnb-Wohnungseinheit über ein Hotel.

Denken Sie daran, dass Airbnb Ihr Konto sperren kann, wenn Sie viele schlechte Bewertungen erhalten. Also, müssen Sie danach streben, ein außergewöhnlicher Superstar-Gastgeber zu werden.

Superstar Gastgeber Tipp #13: Der Wow-Faktor

Um in der Kurzzeitvermietung erfolgreich zu sein, müssen Sie für Ihre Gäste weiter gehen als andere. Nachfolgend finden Sie Tipps, die Ihnen dabei helfen können.

Lassen Sie ein paar Backwaren zurück.

Wer mag keinen Schokoladenplätzchenkeks oder einen tollen Muffin? Backen Sie sich den Weg zum Herzen Ihrer Gäste. Aber keine Sorge, wenn Sie keine Backkenntnisse haben, können Sie einfach ein paar Muffins oder Brot aus Ihrer Lieblingsbäckerei kaufen.

Kaufen Sie nicht zu viele Backwaren. Sie können einfach eine kleine Schachtel mit Keksen, Muffins und Croissants zurücklassen. Sie können auch lokale Köstlichkeiten beibehalten. Zum Beispiel können Sie Ihren Gästen empanada geben, wenn Sie in Barcelona wohnen. Sie können auch ein paar Scheiben Pekannusstorte übrig lassen, wenn Ihre Wohnungseinheit in Dallas ist.

Ein kleines Fitnesstudio haben

Wissen Sie, dass Fitness das neue Statussymbol ist? Wenn Sie Gäste anziehen möchten, die bereit sind, gutes Geld für Ihre Wohnungseinheit zu zahlen, können Sie in ein kleines Fitnesstudio investieren. Sie müssen nicht viel ausgeben. Sie können einfach ein manuelles Laufband, ein stationäres Fahrrad oder eine Kettlebell kaufen. Sie können auch ein paar Übungs-DVDs hinterlassen.

Bauen Sie eine private Kunstgalerie auf.

Um Ihre Gäste zu begeistern, müssen Sie Ihre Wohnungseinheit mit einer schönen Kunstgalerie schmücken. Fesselnde Kunst rund um das Haus wird Ihren Gästen das Gefühl geben, dass sie sich wichtig und zu Hause fühlen. Sie müssen nicht viel ausgeben, um das zu tun. Sie können wirklich günstige Kunstwerke in Ihrem örtlichen Heimatdepot finden. Sie können auch Ihre eigenen Kunstwerke erstellen, wenn Sie das Talent dazu haben.

Wenn Sie nur einen Raum vermieten, vermeiden Sie es, Familienfotos im ganzen Haus zu zeigen, da sich Ihr Gast dadurch wie ein Außenseiter fühlen kann. Zeigen Sie einfach Fotos von der Natur oder von lokalen Sehenswürdigkeiten.

Integrieren Sie ein Gesprächsstück in Ihrem Eigentum.

Ein Gesprächsstück macht Ihre Immobilie unverwechselbar. Es kann eine aufwendige Lampe, eine Sandkunstskulptur, eine Standuhr oder ein leuchtender Spiegel sein. Sie können auch leuchtende Sterne an der Decke Ihres Gästezimmers einbauen. Sie können auch Zimmerpflanzen Integrieren, damit sich Ihre Gäste wie in der Natur fühlen.

Stellen Sie sicher, dass Ihre Gäste etwas zu tun haben.

Egal wie schön Ihre Wohnungseinheit ist, Sie werden ein paar schlechte Kritiken haben, wenn die Gäste nichts anderes zu tun haben, als nur herumzusitzen. Daher ist es wichtig, Annehmlichkeiten wie Brettspiele, DVDs oder ein Kartenspiel mit einzubeziehen.

Ladegerät

Viele Reisende vergessen ihr Ladegerät, also kann es eine gute Idee sein, ein zusätzliches Ladegerät für Ihre Gäste zu hinterlassen.

Gehen Sie für Ihre Gäste über die Grenzen hinaus.

Hinterlassen Sie Ihre Telefonnummer auf dem Tisch und ermutigen Sie Ihre Gäste, Sie zu kontaktieren. Sie können sogar anbieten, Ihre Gäste durch Ihre Stadt zu führen, wenn Sie Zeit haben. Notieren Sie sich auch die nächstgelegene Feuerwache, den Wäschereibetrieb und den Geldwechsler.

Superstar Gastgeber Tipp #14: Networking mit anderen Gastgebers

Erreichen Sie andere Gastgeber und vernetzen Sie sich mit ihnen. Man kann so viel von ihnen lernen. Sie können auch mit ihnen zusammenarbeiten. Viele Airbnb-Moderatoren treffen sich und beschließen später, als Co-Gastgeber zusammenzuarbeiten.

Kapitel Zusammenfassung und Ihr Aktionsplan

Wenn Sie Ihre Airbnb-Einnahmen maximieren wollen, müssen Sie konstant hohe Bewertungen erhalten. Dazu müssen Sie Folgendes tun:

1. Seien Sie ehrlich. Übertreiben Sie nicht mit Ihren Annehmlichkeiten. Achten Sie auch darauf, dass Sie Ihre Fotos regelmäßig aktualisieren.

2. Umreißen Sie Ihren Check-in-Prozess mit Google Sheets und teile ihn mit Ihren Gästen. Halten Sie diesen Prozess so einfach und unkompliziert wie möglich.

3. Erstellen Sie einen detaillierten Reiseführer, der Ihren Gästen hilft, ihre Reise zu maximieren. Ihr Reiseführer sollte ein "Handbuch" mit grundlegenden Informationen wie Ihrer Kontaktnummer, dem WiFi-Passwort und dem Ort, an dem Sie zusätzliche Bettwäsche finden, enthalten. Ihr Reiseleiter sollte auch touristische Attraktionen, Aktivitäten, Nachtleben, Restaurants, Karten und Einkaufsmöglichkeiten beinhalten. Machen Sie diesen Leitfaden so farbenfroh und attraktiv wie möglich.

4. Mieten Sie einen Reiniger, um Ihr Eigentum zu erhalten.

5. Seien Sie proaktiv. Reagieren Sie schnell auf einfache Beschwerden, damit Sie am Ende keine schlechte Bewertung erhalten.

6. Notieren Sie sich alle Antworten auf FAQs, damit Sie sie einfach kopieren und einfügen können.

7. Automatisieren und outsourcen Sie, wenn Sie können. Scheuen Sie sich nicht, eine App zu benutzen oder jemanden einzustellen, der die Arbeit für Sie erledigt, besonders wenn Sie mehrere Objekte verwalten.

8. Beeindrucken Sie Ihre Gäste mit einem Willkommenspaket. Wenn Sie es sich leisten können, können Sie auch Annehmlichkeiten wie einen Korb mit Backwaren, ein Mini-Gym, eine private Kunstgalerie und Ladegeräte anbieten.

9. Gehen Sie zu den Airbnb-Veranstaltungen, damit Sie andere Gastgeber treffen können. Sie können auch an Airbnb Gastgeber-Foren teilnehmen, um von Insider-Tipps zu erfahren und die Besten Praktiken anderer Kurzzeitvermietungsunternehmer zu erhalten.

Um viel Geld auf Airbnb zu verdienen, sollten Sie sich bemühen, die Kunst des Gastgebertums zu beherrschen und ein kurzfristiger Mietsuperstar zu werden.

Kapitel 8 - Reaktion auf Feedback und Bewertungen

Sie sollten das Feedback Ihrer Gäste ernst nehmen, egal ob sie negativ oder positiv sind. Seien Sie gnädig und dankbar, wenn Sie ein großartiges Feedback erhalten. Aber seien Sie bescheiden, wenn Sie eine negative Bewertung erhalten. Regn Sie sich nicht auf. Seien sie nicht zu stolz. Nehmen Sie es nicht als persönlichen Angriff, denn das ist es wirklich nicht.

Wenn Sie eine schlechte Bewertung erhalten, reagieren Sie nicht, wenn Sie wütend sind. Lassen Sie Ihren Kopf eine Weile abkühlen, bevor Sie eine Antwort schreiben. Es ist auch eine großartige Idee, dies anzuerkennen und sich aufrichtig für die Unannehmlichkeiten zu entschuldigen, die Sie verursacht haben.

Wenn Sie eine Bewertung von 1, 2, 3 oder 4 erhalten, senden Sie Ihrem Gast eine Nachricht und fragen Sie, was Sie hätten tun können, um eine Fünf-Sterne-Bewertung zu erhalten. Vielleicht können Sie die Möbel verschieben, mehr Toilettenpapier aufbewahren oder Ihre Wohnungseinheit öfter reinigen.

Kaufen Sie ein Notizblock und schreiben Sie dort alle Rückmeldungen auf, die Sie von Ihren Gästen erhalten. Schreiben Sie auch Ideen auf, die Sie verwenden können, um Ihren Raum zu verbessern.

Wenn Sie bereit sind, lesen Sie alle Rückmeldungen und Ideen und machen Sie Hausverbesserungen. Sie können ein besseres Bett kaufen, Ihre Tapeten ersetzen oder Ihre Wohnzimmerbeleuchtung verbessern.

Denke Sie daran, dass "Es tut mir leid" nicht genug ist. Sie müssen handeln. Sie müssen sich mit Problemen befassen, um ähnliche Beschwerden in Zukunft zu vermeiden.

Ermutigen Sie zu Feedback

Wenn Sie sicher sind, dass der Kunde mit Ihrer Wohnungseinheit und Ihrem Service zufrieden ist, ermutigen Sie ihn, Ihnen eine Bewertung zu geben. Airbnb sendet in der Regel eine E-Mail mit der Bitte an den Gast, eine Bewertung zu hinterlassen. Sie können Ihrem Gast auch eine Nachricht schicken, die in etwa so aussieht:

Sehr _____geehrte Damen und Herren

Es war ein Vergnügen, Sie zu empfangen! Ich hoffe, dass Sie ein tolles Erlebnis bei mir zu Hause hatten. Um mehr Gäste anzuziehen, wären Sie so freundlich, eine detaillierte Bewertung meiner Airbnb-Wohnungseinheit zu schreiben?

Vielen Dank und ich hoffe, Sie bald wieder zu sehen und zu empfangen. xo

Ermutigende Bewertungen (insbesondere von denen, die mit Ihrem Service zufrieden sind) können Ihren Ruf verbessern.

Was tun, um negative Bewertungen zu verhindern?

Egal wie nett Sie sind oder wie sauber Ihr Haus ist, Sie werden immer noch von Zeit zu Zeit schlechte Bewertungen bekommen. Nimm sie nicht persönlich. Sie müssen nur alles tun, was Sie können, um negative Bewertungen zu vermeiden. Hier sind ein paar Tipps, die Sie verwenden können:

1. Seien Sie proaktiv. Stoppen Sie Probleme, bevor sie auftreten. Begeistern Sie Ihre Gäste, indem Sie sie fragen, was sie brauchen.

2. Holen Sie sich eine Vorschlagsbox und ermutigen Sie Ihre Kunden, Ihnen ihr Feedback direkt zu geben. Dadurch können Kommentare wie "das Toilettenpapier bricht leicht" oder "die Tapete ist hässlich" vermieden werden.

3. Geben Sie Ihrem Gast sofort eine begeisternde Bewertung. Dies wird ihn ermutigen, die Gunst zu erwidern und Ihnen auch großartige Rezensionen zu geben.

Können Sie schlechte Bewertungen löschen?

Nein, können Sie nicht, aber Sie können auf sie reagieren. Seien Sie professionell, wenn Sie auf schlechte Bewertungen reagieren. Danken Sie dem Kunden für das Feedback, bestätigen Sie es und entschuldigen Sie sich vor allem, wenn es nötig ist. Es ist auch am besten, sich direkt an den Kunden zu wenden, um sich zu entschuldigen oder seine Seite zu erklären. Wenn Sie eine Bewertung schreiben, denken Sie an Ihre zukünftigen Gäste. Schreiben Sie eine Antwort, die stark genug ist, um den Schaden rückgängig zu machen, den die schlechte Bewertung verursacht hat. Sie können so etwas schreiben:

"Hallo! Ich freue mich über Ihr Feedback. Das würde mir wirklich helfen, meine Wohnungseinheit zu verbessern. Zu wissen, dass die Kundenzufriedenheit meine oberste Priorität ist. Es tut mir leid für die Unannehmlichkeiten und ich werde Ihr Feedback nutzen, um meinen Service zu verbessern."

Kapitel Zusammenfassung und Ihr Aktionsplan

Das Feedback durch einen Kunden kann Sie nach oben oder nach unten bringen. Aber wie bekommt man positives Feedback und wie reagiert man auf negatives Feedback? Nun, hier ist eine Liste von Tipps, die Sie verwenden können:

1. Seien Sie proaktiv. Lösen Sie Probleme, bevor sie überhaupt auftreten.

2. Erstellen Sie eine Vorschlagsbox. Dies hilft Ihnen, eine schlechte Bewertung zu verhindern.

3. Geben Sie Ihren Gästen eine positive Bewertung, gleich nachdem sie gegangen sind. Dies ermutigt sie, sich zu revanchieren.

4. Wenn Sie ein schlechtes Feedback erhalten haben, machen Sie sich keine Sorgen. Es ist nicht das Ende der Welt. Sie können das jederzeit mit einem positiven Feedback ausgleichen.

5. Sie können schlechte Bewertungen nicht löschen, aber Sie können auf sie antworten. Seien Sie nicht defensiv oder zu entschuldigend. Konzentrieren Sie sich einfach darauf, wie sehr Sie das Feedback schätzen und wie es Ihnen helfen kann, Ihren Service zu verbessern.

Sie können nicht jedem gefallen. Von Zeit zu Zeit bekommen Sie ein schlechtes Feedback, und wenn Sie eines bekommen, benutzen Sie es, um ein besserer Gastgeber zu werden.

Teil III - Airbnb als Unternehmen

Airbnb ist so groß geworden, dass es zu einem Brutgerät für ernsthafte Vermietungsunternehmer geworden ist. In diesem Teil geht es um Airbnb als Unternehmen. In diesem Teil des Buches erfahren Sie, wie Sie den richtigen Standort auswählen und wie Sie Ihr Airbnb-Geschäft finanzieren können.

Kapitel 9 - So wählen Sie den richtigen Standort für Ihr Airbnb-Unternehmen aus

Airbnb war früher nur ein Nebengeschäft, etwas, das es den Menschen ermöglichte, aus ihren ungenutzten Räumen zusätzliches Geld zu verdienen. Aber heutzutage ist Airbnb zu einer Drehscheibe für ernsthafte kurzfristige Vermietungsunternehmer (oder Vermietungsunternehmer) geworden.

Wenn Sie planen, ein kurzfristiges Mietimperium aufzubauen, sollten Sie die Vorteile von Tools wie <u>AirDNA</u> nutzen.

AirDNA ist ein Markt- und Datenanalysetool, mit dem Sie die Vermietungsbranche analysieren und ein erfolgreicher Vermieter werden können.

AirDNA verfügt über eine Investition, die es Ihnen ermöglicht, das Umsatzpotenzial eines kurzfristigen Ferienunterkunftsstandortes in den Vereinigten Staaten und anderen Ländern zu untersuchen. Es hilft Ihnen, profitable Ferienvermietungsmärkte zu finden. Sie können ein kostenloses AirDNA-Konto erstellen, müssen aber eine Prämie von 19,99 $ pro Monat zahlen, um auf die Berichte und Analysen zugreifen zu können.

Bevor Sie überhaupt an die Investition in Immobilien für Airbnb-Mieten denken, müssen Sie diesen Schritten folgen:

1. *Finden Sie einen Standort, an dem Airbnb hundertprozentig legal ist.*

Airbnb ist nicht hundertprozentig legal in vielen Staaten der Welt. In der Tat, große Städte wie New York und Paris haben strenge Regeln für Airbnb Mieten. Paris hat 2018 Geldbußen im Wert von mehr als einer Million Euro an Gastgeber verhängt, die gegen die Regeln verstoßen haben. Die Stadt Paris verklagt sogar Airbnb wegen nicht registrierter Wohnungsangebote.

Wenn Sie also Ihre Einnahmen maximieren und das Beste aus Ihrer Investition herausholen wollen, müssen Sie Bereiche mit weniger Einschränkungen bei der kurzfristigen Vermietung wählen.

2. Wählen Sie die perfekte Immobilie mit gutem Ertragspotenzial.

AirDNA verfügt über ein integriertes Tool, das das Ertragspotenzial von Immobilien berechnet, so dass Sie den Return on Investment leicht berechnen können.

Top 25 Earning *2 Bedroom* Properties in Regions Selected Above

City	Property ID	Bedrooms	Listing Title	FT Airbnb Earning Potential
Galveston	8328205	2	Canals Toys Fish Beach Close Fish Light Golf	$47,041
	2763406	2	The Coastal View	$37,219
	318246	2	Quite Cozy Home - 1 Blk From Beach	$37,080
	1966460	2	Sand & Serenity 1 blk From Beaches	$31,332
	7565124	2	cute,comfortable and affordable!	$30,744
	5808902	2	SAND & SEA - STEWART BEACH	$30,503
	4689729	2	Sugar Shack on the Gulf, upper unit	$29,852
	7128391	2	Expansive Gulf/Beach Front View	$29,292

The top earner here is a great example of why Airbnb investing requires going beyond

Nehmen wir an, dass Sie eine Immobilie mit zwei Schlafzimmern im Auge haben, die 85.000 Euro kostet. Nehmen wir an, dass das Ertragspotenzial dieser Immobilie 45.000 Euro pro Jahr beträgt. Das bedeutet, dass Sie in nur 5 Jahren einen Gewinn von 140.000 Euro erzielen könnten!

3. Sie müssen die Ankünfte der Touristen berücksichtigen.

Denken Sie daran, dass die Kurzzeitvermietungsbranche sich hauptsächlich an Touristen richtet. Das müssen Sie bei der Ankunft von Touristen berücksichtigen, bevor Sie eine Investitionsentscheidung treffen. Egal wie groß das Ertragspotenzial einer Immobilie ist, Sie werden nicht viel verdienen, wenn nur wenige Menschen zu Ihrem Standort reisen.

4. Stellen Sie sicher, dass Sie einen positiven Cashflow haben.

Wenn Sie die Einnahmen im Verhältnis zu den Ausgaben berechnen, müssen Sie darauf achten, dass Sie einen positiven Cashflow haben. Das bedeutet, dass Ihr monatliches Einkommen Ihre monatlichen Kosten übersteigen muss. Dies bedeutet, dass, wenn Ihre Hypothek, Pool-Reinigungsgebühren und Hausreinigungsgebühren sich auf 1400€ pro Monat belaufen, müssen Sie mindestens 2000€ pro Monat mit ihren Eigentum verdienen, um einen Gewinn von 600€ zu erwirtschaften.

5. Sie müssen eine Immobilie auswählen, die sich in einer begehrten Nachbarschaft befindet.

Die Lage ist alles, wenn es um Immobilieninvestitionen geht, also stellen Sie sicher, dass sich Ihre Immobilie in der Nähe der wichtigsten Touristenorte Ihrer Stadt befindet. Sie müssen eine Immobilie wählen, die nur wenige Schritte von Einkaufszentren, Sehenswürdigkeiten, Einkaufsvierteln und sogar vom Strand entfernt ist. Wählen Sie auch einen Ort, der leicht mit öffentlichen Verkehrsmitteln zu erreichen ist.

Wenn Ihr Standort zufällig ungünstiger ist, müssen Sie das Beste daraus machen. Vielleicht ist es nicht in der Nähe der Innenstadt, aber Sie können eine Tatsache hervorheben, dass es nur wenige Schritte von einem Restaurant und einem Park entfernt ist. Sie können Ihre Immobilie auch einzigartig und erstaunlich machen. Zum Beispiel können Sie einen Pool oder ein Indoor-Ministudio hinzufügen, um Ihre Immobilie wunderbarer und erstaunlicher zu machen.

Gemäß AirDNA und anderen Immobilien-Investment-Websites sollten Sie in den folgenden Städten investieren:

✓ *Key West, Florida*

Diese Inselstadt ist vielleicht nicht so beliebt wie Miami, aber sie wird auch zu einem heißen Touristenziel. Es gibt einige Touristenziele wie das Haus Earnest Hemingway und den malerischen Mallory Square. Diese Stadt ist bekannt für ihre schlossartigen Häuser und Strände.

Mite einigen Immobilien in Key West können Sie bis zu 7.600 Dollar (6850€) im Monat verdienen und haben eine jährliche Barrendite von 5,22%. Außerdem liegt der Vermietungsgrad bei 66%.

✓ *Santa Barbara, Kalifornien*

Die Immobilien in Santa Barbara sind extrem teuer. Aber sie sind jeden Penny wert. Diese Stadt sieht im Sommer prächtig aus. Es gibt auch eine Reihe von Museen und Parks. Es hat ein prognostiziertes Ertragspotenzial von 4.522 US-Dollar (4077€) pro Monat. Außerdem liegt der Vermietungsgrad bei 50 Prozent.

✓ *Brookhaven, Georgien*

Brookhaven ist eine malerische und ruhige Stadt, die bereits in den letzten Jahren zu einem beliebten Ziel für Reisende geworden ist. Die Stadt hat einen Hauch von Geheimnis. Und doch hat es etwas an sich, das elegant und stilvoll ist.

Brookhaven hat eine Auslastung von 42 Prozent und eine potenzielle Ertragskraft von 3.187 US-Dollar (2873€) pro Monat.

✓ *Panama City, Florida*

Laut Forbes hat dieses Dorf einen der höchsten ROI (Return on Investment) für Immobilien. Wenn Sie also viel Geld verdienen wollen, investieren Sie in diese Stadt.

✓ *Napa, Kalifornien*

Napa ist bekannt für seine schönen Weingüter. Es wird zu einem der heißesten Touristenziele Kaliforniens. Kein Wunder also, dass es laut Forbes in die Liste der Städte mit hohem ROI aufgenommen wurde.

Wenn Sie in fremde Länder investieren wollen, müssen Sie Nicaragua in Betracht ziehen. Dieses malerische südamerikanische Land hat eine Reihe von Strandstädten wie San Juan del Sur. Sie können auch andere profitable Orte wie Auckland (Neuseeland), Bukarest, Rumänien, Serbien und Montenegro in Betracht ziehen. Diese Gebiete sind nicht gesättigt, so dass Sie nicht viel Konkurrenz haben werden.

Kapitel Zusammenfassung und Ihr Aktionsplan

Nicht alle Standorte sind gleich. Verwenden Sie ein Datenanalysetool wie AirDNA, um die besten Investitionsmöglichkeiten zu finden. Sie sollten auch andere Faktoren (wie Preis, Ertragspotenzial und Vermietungsstand) berücksichtigen, bevor Sie in eine Immobilie investieren.

Kapitel 10 - Automatisieren Sie Ihr Airbnb-Konto und lagern Sie Dienstleistungen aus.

Wenn Sie nur einen Eintrag verwalten, haben Sie das Gefühl, dass Sie alles tun können. Und Sie haben Recht. Aber, wenn Sie zehn Buchungen pro Monat haben oder mehrere Angebote verwalten, ist es am besten, diese zu automatisieren und auszulagern, wann immer Sie können.

Automatisieren Sie Ihre Antworten und verwalten Sie mehrere Kurzzeitmietkonten.

AirGMS ist ein Ferienhaus-System, mit dem Sie Ihr Airbnb-Geschäft automatisieren und viel Zeit sparen können. Derzeit verwaltet sie 19.850 Listungen in 49 Ländern.

Dieser Service ist kostenlos, wenn Sie vier oder weniger Angebote haben. Es kommt mit einem einzigen Posteingang, aber Sie können es verwenden, um mehrere Airbnb-Konten und mehrere Kalender zu verwalten. Es automatisiert Bewertungen. Das bedeutet, dass Ihre Gäste direkt nach dem Auschecken automatisch eine fünf Sterne Bewertung erhalten. Dies veranlasst sie, Ihnen auch eine gute Bewertung zu schreiben.

Aber, wenn Sie 4 bis 49 Angebote haben, kann dieser Service Sie $20 pro Monat kosten. Es kann Sie $30 (und eine einmalige Einrichtungsgebühr von $2.500) kosten, wenn Sie mehr als 50 Angebote haben. Dieses Paket ist perfekt für Hausverwalter, die Hunderte von Angeboten auf der ganzen Welt betreuen. Es wird mit einem dedizierten Supportspezialisten, einer dedizierten Telefonleitung und Branded Emails geliefert.

AirGMS verfügt über viele großartige Funktionen, wie z.B. Multi-Plattform-Synchronisation, Gebühren im Kalender, Verwaltung mehrerer Konten, E-Mail-Vorlagen, Team-Management, Eltern- und Kinderbuchungen sowie Arbeitsaufträge.

Der Einsatz von Automatisierungstools wie AirGMS kann Ihnen in vielerlei Hinsicht zugute kommen, unter anderem:

1. Es ermöglicht Ihnen, alle Ihre Airbnb-Konten auf einer Plattform zu verwalten. So müssen Sie sich nicht nacheinander in Ihren Konten an- und abmelden. Das spart Ihnen viel Zeit und erhöht auch Ihre Produktivität.

2. Die meisten Automatisierungstools verfügen über eine Mehrkalenderfunktion. Dies ist nützlich, wenn Sie Ihre Immobilien auch in anderen Ferienunterkünften wie Clickstay, Booking.com, Perfect Places, TheHolidayLet, Trips und Tourist-Paradise aufgeführt haben. Diese Funktion stellt sicher, dass Ihre Immobilien nicht auf verschiedenen kurzfristigen Mietplattformen doppelt gebucht werden.

3. Es ermöglicht Ihnen die Einrichtung automatisierter personalisierter Antworten. Dies erhöht Ihre Rücklaufquote und Kundenzufriedenheit. Das spart Ihnen auch viel Zeit. AirGMS verfügt auch über ein automatisiertes Reaktionssystem, das auf Auslöser reagiert. Sie können dieses System so programmieren, dass es beim "Check-in" oder "Check-out" Nachrichten sendet. Sie können diese Nachrichten anpassen. Mit der automatisierten Antwortfunktion sind Sie Ihren Mitbewerbern immer einen Schritt voraus.

4. Mit den Automatisierungstools können Sie Reservierungen wie spezielle Anweisungen oder Anfragen notieren.

5. So kann Ihr Reinigungspersonal seine Tagespläne einsehen und sich auf "Arbeitsaufträge" oder Sonderaufgaben abstimmen.

6. Es ermöglicht Ihnen, Ihr Team zu verwalten. Diese Funktion ist besonders nützlich, wenn Sie ein großes Kurzzeitvermietungsunternehmen betreiben.

Neben AirGMS gibt es noch viele andere Automatisierungswerkzeuge, die Sie verwenden können, wie Gastgebery, Super Gastgeber Tools und Guesty.

Mieten Sie ein Airbnb Reinigungsunternehmen.

Denken Sie daran, dass Sauberkeit der Schlüssel zu einer fünf Sterne Bewertung ist. Wenn Sie also mehrere Angebote verwalten, ist es am besten, ein Reinigungsunternehmen zu beauftragen. Sie können auch eine Wäscherei und ein Reinigungsunternehmen mieten, um Ihre Bettwäsche und Handtücher sauber zu halten.

Es gibt eine Reihe von Airbnb Reinigungsunternehmen, an denen Sie auslagern können, einschließlich:

- ✓ Maid This
- ✓ Tidy
- ✓ Turnover BNB
- ✓ Maid Easy

Sie können auch die Gelben Seiten lesen und ein zuverlässiges lokales Reinigungsunternehmen finden.

Automatisieren Sie Ihre Lichter

Einige Gäste machen sich nicht die Mühe, das Licht auszuschalten, wenn sie es nicht benutzen. Das könnte Ihre Stromrechnung in die Höhe treiben. Daher kann es sinnvoll sein, in ein intelligentes Beleuchtungssystem wie <u>Plum</u> zu investieren. So können Sie Ihren Lichtschalter fernbedienen.

Erwägen Sie, einen Hausverwalter einzustellen.

Wenn Sie sich keine Sorgen um Ihren Airbnb-Eintrag machen wollen, wäre es klug, eine Hausverwaltungsgesellschaft zu konsultieren.

Die Beauftragung einer Hausverwaltungsgesellschaft hat viele Vorteile. Es kann Ihre Kosten senken und Ihren Umsatz steigern. Denken Sie daran, dass Immobilienverwalter Profis sind, die professionelle Marketing- und Preisstrategien anwenden. Dies könnte Ihnen helfen, Ihr Einkommen zu maximieren.

Es gibt viele Hausverwaltungsgesellschaften, aus denen Sie in Nordamerika wählen können, wie z.B.:

- <u>Evolve Vacation Rental</u> - Dies ist die führende Immobilienverwaltungsgesellschaft in Nordamerika.
- <u>Vacasa</u> - Das Unternehmen hat seinen Sitz in Portland, Oregon, und ist in 17 Staaten der USA tätig.
- <u>Senstay</u> - Diese Hausverwaltungsgesellschaft ist in den Hamptons, Denver, Malibu, Palm Springs und Scottsdale tätig.
- <u>TurnKeyV</u> - Dieses Unternehmen verwaltet über 2000 Immobilien.
- <u>Oasis Collections</u> - Diese ist in fünf Ländern tätig, nämlich in Italien, Kolumbien, den USA, Spanien und Brasilien.
- <u>Pillow</u> - Dieses Unternehmen ist in verschiedenen Städten Kaliforniens tätig.

Wenn Sie nicht aus Nordamerika kommen, müssen Sie sich an eine lokale Hausverwaltung wenden. Es gibt eine Reihe von Hausverwaltungsgesellschaften auf der ganzen Welt.

Die Automatisierung hilft Ihnen, Ihre Zeit gut zu verwalten. Es gibt Ihnen mehr Flexibilität und erhöht Ihr Ertragspotenzial. Und vor allem erlaubt es Ihnen, sich auf Dinge zu konzentrieren, die Ihnen Spaß machen.

Kapitel Zusammenfassung und Ihr Aktionsplan

Automatisierung steigert Ihre Effizienz. Es spart Ihnen auch eine Menge Zeit. Scheuen Sie sich also nicht, Automatisierungswerkzeuge wie AirGMS zu verwenden.

Kapitel 11 - Die Magie des "Self-Check In".

Sie wollen nicht, dass Airbnb Ihr Leben stört, deshalb ist es wichtig, einen effizienten Self-Check-in-Prozess zu schaffen. Das bedeutet, dass Ihre Gäste ohne Ihre Hilfe automatisch einchecken können. Das spart Ihnen viel Zeit und ist auch für Ihre Gäste weniger stressig. Dieser Prozess ist auch eine Art Schatzsuche. Es ist ein lustiges Erlebnis für Ihre Gäste.

Hier eine Anleitung, wie Sie das umsetzen können:

- ✓ Gehen Sie zu "Ihre Angebote" und wählen Sie ein Angebot aus.
- ✓ Klicken Sie neben "Gäste-Ressourcen" auf Bearbeiten.
- ✓ Klicken Sie auf "Selbstabfertigung hinzufügen".
- ✓ Fügen Sie dann Ihre Check-in-Anleitung hinzu.

Dazu benötigen Sie ein Schließfach mit einem Kombinationsschlüssel. Geben Sie die Kombinationstaste an. Sie können den Code Ihren Gästen einen Tag vor dem Check-in geben. Sie können den Schlüssel auch bei Ihrer Hausrezeption/Kontrolleu/rin hinterlegen, wenn Sie das haben.

Um Verwirrung und Beschwerden zu vermeiden, müssen Sie mit Google Sheets eine detaillierte Anleitung erstellen. Seien Sie präzise. Sagen wir so etwas wie "das Schließfach befindet sich auf der linken Seite der Haupttür, neben der Meerjungfrau-Statue". Sobald Sie fertig sind, klicken Sie auf die Schaltfläche "Teilen" und geben Sie dann die E-Mail-Adresse Ihres Gastes ein. Achten Sie darauf, dass Sie Ihre Gäste darüber informieren, dass Sie die Check-in-Anweisungen bereits geteilt haben.

Auch kann es eine gute Idee sein, einen Schlüssel zur Verfügung zu stellen, der alle Türen in Ihrem Haus öffnet. Dies erspart Ihren Gästen viel Verwirrung und Ärger. Sie können viele Hauptschlösser (mehrere Schlösser mit einem Schlüssel) bei Amazon finden. Aber stellen Sie sicher, dass die Schlafzimmer von innen verschlossen werden können, damit sich Ihre Gäste sicher fühlen.

Bitten Sie Ihre Gäste, Ihnen nach dem Ein- und Auschecken eine Nachricht zu senden. Warum? Nun, Sie werden es nicht wissen, wenn Sie nicht fragen. Airbnb hat keine Möglichkeit zu wissen, ob der Gast tatsächlich eingecheckt hat oder nicht.

Warum Sie in Smart Locks investieren sollten

Der Schlüsselaustausch kann ein komplizierter Prozess sein. Dies ist der Grund, warum Sie in Smart Locks investieren sollten. Es ist bequem und sicher. Es lässt sich auch problemlos mit Sicherheitsalarmen, Smartphones und Videoüberwachungskameras verbinden.

Smart Lock Systeme haben in der Regel ein Hausautomationssystem, das Ihnen hilft, sich verdächtiger Ereignisse in Ihrem Eigentum bewusst zu werden. Schließlich ist es praktisch. Sie müssen Ihren Gästen keinen Schlüssel übergeben. Sie können einfach den Code eingeben. Es ist eine großartige Investition. Es gibt viele erstaunliche Smart Lock Marken auf dem Markt, einschließlich August Smart Lock, Schlage Sense, Nest X Yale Lock und Lockly Secure Plus.

Kapitel Zusammenfassung und Ihr Aktionsplan

Erstellen Sie einen einfachen und übersichtlichen "Check-in and Check-out"-Prozess mit Hilfe von Google-Sheets und teilen Sie ihn mit Ihren Gästen ein paar Tage vor dem Check-in.

Investieren Sie auch in ein Smart Lock. Dies wird Ihren Check-in-Prozess erheblich erleichtern.

Kapitel 12 - Buchhaltungstipps zur Steuerung Ihrer Kosten

Es reicht nicht aus, Hunderte von Buchungen pro Jahr zu haben. Um gutes Geld mit Airbnb zu verdienen, müssen Sie lernen, auch Ihre Kosten zu kontrollieren. Dies ist der Grund, warum Sie die Buchhaltung ernst nehmen sollten.

Die Buchhaltung hilft Ihnen, sicherzustellen, dass Ihr Airbnb-Geschäft einen positiven Cashflow hat. Es hilft Ihnen auch, fundierte Geschäfts- entscheidungen zu treffen. Es reduziert auch die Risiken.

Hier ist eine Liste von Buchhaltungstipps, mit denen Sie Ihr Angebot in eine gewinnbringende Maschine verwandeln können:

1. Eröffnen Sie ein spezielles Girokonto für Ihr Airbnb-Geschäft. Dies wird es Ihnen erleichtern, Ihre Ausgaben und Einnahmen zu verfolgen. Denken Sie daran, dass die Dinge, die Sie kostenlos anbieten (Seife, Shampoo), Kosten sind. Also müssen Sie vorsichtig sein.

2. Holen Sie sich eine spezielle Kreditkarte für Ihr Airbnb-Geschäft. Dies erleichtert Ihnen auch die Verfolgung Ihrer Airbnb-bezogenen Ausgaben. Halten Sie Ihre persönlichen Finanzen getrennt.

3. Führen Sie Aufzeichnungen über alle Ihre Ausgaben. Berrechnen Sie auch, Ihre Kilometerzahl, wenn Sie Ihr persönliches Auto für geschäftliche Zwecke nutzen. Dies wird Ihnen helfen, die Steuerabzüge zu maximieren.

4. Suchen Sie den Service eines CPA, damit Sie kompetente Beratung und Service erhalten. Ein CPA kann auch eine strategische Steuerplanung Durchführen, die Ihre Steuerzahlungen erheblich reduzieren kann. Dies gibt Ihnen auch eine Vorstellung davon, ob Ihr Unternehmen Gewinne oder Ausgaben generiert.

5. Verwenden Sie Buchhaltungssoftware, um Ihre Einnahmen und Ausgaben zu verfolgen. Sie können Online-Buchhaltungstools wie Quickbooks, Zero und Mint verwenden. Sie können auch Microsoft Excel verwenden, aber achten Sie darauf, die Ausgaben zu kategorisieren. Zum Beispiel:

AUSGABEN FÜR JANUAR	
Versorgungsunternehmen	
Gegenstand	Betrag
Elektrizität	

Kabel	
Internet	
Telefon	
Gas	
Andere	
Zwischensumme	
Hypothek	
Monatliche Zahlung	
Zwischensumme	
Sonstige Aufwendungen	
Seife	
Toilettenpapier	
Willkommenskorb	
Shampoo	
Zwischensumme	
Arbeit	
Reinigungsdienste	
Landschaftsgärtner/in	
CPA	
Zwischensumme	
GESAMT	

6. Überprüfen Sie Ihre Buchhaltungsdaten regelmäßig.

Sie können es zweimal im Monat überprüfen oder Sie können es wöchentlich machen, wenn Sie viel Zeit haben. Dies wird Ihnen helfen, Ihre Finanzen im Griff zu haben.

Kapitel Zusammenfassung und Ihr Aktionsplan

Am Ende des Tages ist es ein Geschäft, also müssen Sie sicherstellen, dass es profitabel ist. Treffen Sie sich mit Ihrem Wirtschaftsprüfer, um eine kompetente Beratung zu erhalten. Sie sollten auch Quittungen von allem aufbewahren, damit Sie diese zur Maximierung der Steuerabzüge verwenden können.

Verwenden Sie eine Buchhaltungssoftware oder App, um Ihre Ausgaben und Einnahmen zu verfolgen. Dies wird Ihnen helfen, einen positiven Cashflow zu erhalten.

Kapitel 13 - Schützen Sie sich selbst und Ihr Eigentum.

Airbnb operiert in einer "Treuhandwirtschaft", aber nicht immer ist alles klar auf Airbnb. Sie würden wahrscheinlich auf destruktive Gäste treffen. Sie können auch irgendwann gruselige Gäste treffen, also sollten Sie sich und Ihr Eigentum schützen.

Nachfolgend finden Sie die Tipps, mit denen Sie sich und Ihr Eigentum schützen können:

1. Lernen Sie Ihre Gäste kennen, bevor Sie ihre Buchungsanfrage genehmigen.

Fragen Sie Ihre potenziellen Gäste nach ihren persönlichen Daten, Bild, Telefonnummer, Kreditkarteninformationen, Social Media-Adressen oder Regierungsausweisen. Dies mag viel Arbeit als üblich erfordern, aber es ist immer besser, sicher zu sein, als sich zu entschuldigen.

2. Bitten Sie die Nachbarn, Ihr Grundstück im Auge zu behalten.

Eine wachsende Anzahl von Menschen nutzen Airbnb für illegale Aktivitäten wie Prostitution, also bitten Sie jemanden, ein Auge auf Ihr Eigentum zu werfen.

Airbnb bietet Schutz, aber diese Versicherung beinhaltet nicht Bargeld, Gemeinschaftsräume und Haustiere.

3. Legen Sie klare Hausregeln fest.

Seien Sie so klar und detailliert und spezifisch wie möglich. Lassen Sie keinen Raum für Fehlinterpretationen. Zum Beispiel, anstatt zu sagen "Haustiere sind nicht erlaubt", sagen Sie "alle Arten von Haustieren sind nicht erlaubt". Anstatt zu sagen "illegale Aktivitäten sind nicht erlaubt", können Sie sagen: "Jede illegale Aktivität ist verboten, einschließlich Prostitution und Konsum von illegalen Drogen".

Denken Sie daran, dass Sie die Reservierung sofort und ohne Strafe stornieren können, wenn ein Gast Ihre Hausordnung nicht einhält.

4. Seien Sie ein freundlicher und zuvorkommender Gastgeber.

Es ist wichtig, entgegenzukommen und eine offene Kommunikation mit Ihren Gästen zu pflegen. Warum? Nun, wenn Sie freundlich sind, werden Ihre Gäste Ihr Eigentum eher respektieren. Wer weiß? Sie können auch neue Freunde gewinnen.

5. Achten Sie darauf, dass Ihr Eigentum versichert ist.

In der Theorie hat Airbnb eine luftdichte Versicherung, die seine Gastgeber schützt. Aber in Wirklichkeit ist es ziemlich schwierig, einen Anspruch geltend zu machen.

Viele Gastgeber sind zufrieden mit der Entschädigung, die sie vom Gastgeber-Schutzprogramm erhalten haben. Aber viele Gastgeber behaupteten auch, dass ihr Anspruch/Problem nicht gelöst wurde.

Um sicher zu sein, stellen Sie sicher, dass Sie über alle Versicherungen verfügen, die Sie benötigen.

Kapitel Zusammenfassung und Ihr Aktionsplan

Es ist besser, sicher zu sein, als sich zu entschuldigen. Stellen Sie also sicher, dass Sie eine klare Hausordnung haben, die keinen Raum für Fehlinterpretationen lässt. Sie sollten auch sicherstellen, dass Ihr Eigentum versichert ist und Ihre Nachbarn bitten, ein Auge auf Ihr Eigentum zu werfen.

Fazit

Ich möchte Ihnen danken und Ihnen gratulieren, dass Sie meine Zeilen von Anfang bis Ende durchquert haben. Ich hoffe, dass dieses Buch Ihnen helfen kann, ein Super Gastgeber zu werden, Ihr Airbnb-Einkommen zu maximieren und finanzielle Freiheit zu erlangen.

Nun, lassen Sie uns die wichtigsten Punkte dieses Buches besprechen:

- ✓ Airbnb ist ein Online-Markt, den Sie nutzen können, um Ihre Immobilie zu vermieten und zusätzliches Geld zu verdienen. Sie können es sogar als Werkzeug beim Aufbau Ihres kurzfristigen Vermietungsimperiums verwenden.

- ✓ Bevor Sie Ihre Immobilie auf Airbnb einstellen, sollten Sie Ihre lokalen Gesetze überprüfen. Viele Städte verbieten kurzfristige Anmietungen. Sie müssen sich auch an Ihren Vermieter wenden, damit Sie später keine Probleme haben.

- ✓ Verbessern und renovieren Sie Ihr Zuhause, wenn Sie es brauchen.

- ✓ Überprüfen Sie, ob Sie für das Gastgebertum gebaut sind. Sehen Sie, nicht jeder kann ein großartiger Gastgeber sein. Sie müssen leidenschaftlich an der Hausverwaltung interessiert sein. Sie müssen auch über hervorragende Fähigkeiten im Kundenservice verfügen.

- ✓ Airbnb hat ein Gastgeber Protection Program, das Sachschäden und Klagen abdeckt. Aber Sie müssen wissen, dass dieses Versicherungsprogramm nicht alles abdeckt. Es umfasst keinen verlorenen Schmuck, Kunstwerke, Erbstücke und Sammlerstücke. Es ist immer noch am besten, eine eigene Versicherung abzuschließen.

- ✓ Sie müssen die folgenden Faktoren bei der Festlegung Ihrer nächtlichen Preises berücksichtigen - Grundsteuer, Hypothekenzahlung, Reinigungsdienstgebühr, Wartungskosten und Airbnb-Gebühren.

- ✓ Sie müssen sich über Ihre Ziele im Klaren sein. Wie viel möchten Sie mit Airbnb verdienen? Welche Art von Gastgeber Möchten Sie werden? Möchten Sie nur zusätzliches Geld verdienen oder ein erfolgreicher Vermietungsunternehmer werden?

- ✓ Ihr Airbnb-Einkommen hängt von vielen Faktoren wie Ihrem Standort, der Art Ihrer Immobilie, der Größe Ihrer Wohnungseinheit und dem Umfang Ihrer Konkurrenz ab. Um mehr Geld zu verdienen, sollten Sie die Verwaltung mehrerer Immobilien in Betracht ziehen.

- ✓ Veröffentlichen Sie Fotos, die die Schönheit Ihrer Wohnungseinheit zeigen. Benutzen Sie so viel wie möglich natürliches Licht. Machen Sie auch Fotos im Querformat. Dadurch wird die Wohnungseinheit detailgetreu gezeigt und es sieht auch auf mobilen Geäten gut aus.

- ✓ Um Ihre Airbnb-Einnahmen zu maximieren, streben Sie danach, ein Super Gastgeber zu werden. Ein Super Gastgeber zu sein bringt eine Reihe von coolen Vorteilen mit sich. Es erhöht Ihre Glaubwürdigkeit und Ihren Gewinn.

- ✓ Planen Sie Ihre Airbnb-Zeit, damit Sie auf alle Ihre Nachrichten innerhalb von 24 Stunden antworten können.

- ✓ Seien Sie ehrlich zu Ihren Gästen. Übertreiben Sie nicht mit Ihren Annehmlichkeiten und verkaufen Sie Ihr Eigentum nicht.

- ✓ Um Ihre Popularität als Gastgeber zu steigern, müssen Sie für Ihre Gäste weiter gehen als die Konkurrenz.

- ✓ Fügen Sie Ihren Standort in Ihren Eintragstitel ein. Dies wird es für die Gäste einfacher machen, Ihre Immobilie auf Airbnb zu finden. Sie können auch beliebte Veranstaltungen in Ihren Titel aufnehmen.

- ✓ Ihre Angebotsbeschreibung sollte scanbar sein.

- ✓ Verwenden Sie einfache, aber beschreibende Wörter, wenn Sie Ihre Beschreibung schreiben. Verwenden Sie Wörter, die Ihre Zielgruppe ansprechen.

- ✓ Heben Sie Ihr Alleinstellungsmerkmal hervor.

- ✓ Ein Super Gastgeber ist ein erfahrener Gastgeber, der seinen Gästen stets einen außergewöhnlichen Service bietet.

- ✓ Super Gastgeber erhalten in der Regel vorrangigen Support. Ihre Listungen sind auch für ein breiteres Publikum sichtbar und werden in der Regel zu den exklusivsten Airbnb-Veranstaltungen eingeladen.

- ✓ Sie müssen eine Überprüfungsrate von 50 Prozent haben, um ein Super Gastgeber zu werden.

- ✓ Wenn Sie einen "Tagesjob" haben, planen Sie Ihre Airbnb-Reaktionszeit zweimal täglich - 40 Minuten am Morgen und weitere 40 Minuten am Nachmittag.

- ✓ Überprüfen Sie Ihre Offline-ID, um Ihre Glaubwürdigkeit und Vertrauenswürdigkeit zu erhöhen.

- ✓ Beantworten Sie Gästeanfragen so schnell wie möglich.

- ✓ Aktualisieren Sie Ihren Kalender regelmäßig.

- ✓ Setzen Sie Ihren Preis niedrig, besonders wenn Sie noch am Anfang stehen.

- ✓ Die meisten Airbnb-Benutzer Entscheidungen werden auf der Grundlage von Fotos getroffen. Sie müssen also sicherstellen, dass Ihre Fotos attraktiv, auffällig und interessant sind.

- ✓ Verlinken Sie Ihren Eintrag mit Ihren Facebook-, Instagram und Twitter-Konten.

- ✓ Um das Gesamterlebnis Ihrer Gäste zu verbessern, ist es eine gute Idee, einen Reiseführer zu erstellen, der touristische Attraktionen, Restaurants, Nachtleben und Einkaufsmöglichkeiten umfasst.

- ✓ Stellen Sie einen Reiniger ein.

- ✓ Um Ihren Namen in der Kurzzeitvermietungsbranche zu prägen, müssen Sie Ihre Gäste begeistern.

- ✓ Bauen Sie eine Beziehung zu anderen Gastgebern auf. Dies wird Ihnen helfen, eine Reihe von Insider-Tipps zu lernen, die Ihnen helfen können, ein besserer Gastgeber zu werden.

- ✓ Um Ihren Umsatz zu steigern, müssen Sie die Verwaltung mehrerer Angebote in Betracht ziehen.

- ✓ Integrieren Sie eine Vorschlagsbox in Ihrer Immobilie. Dies wird Ihre Beschwerden und schlechten Bewertungen deutlich reduzieren.

- ✓ Egal, wie gut Sie als Gastgeber sind, Sie werden von Zeit zu Zeit schlechte Bewertungen und schwierige Gäste bekommen. Wenn dies geschieht, müssen Sie lernen, Kritik gnädig aufzunehmen.

Ich hoffe, dass diese Tipps und Strategien Ihnen helfen können, sich als zuverlässiger, vertrauenswürdiger und erfolgreicher Airbnb Gastgeber zu etablieren.

Ich wünsche Ihnen viel Glück!

Wir hoffen, dass Ihnen dieses Buch gefallen hat!

Als kleines Verlagsunternehmen werden wir bei Entrepreneurial Pursuits von Alltagsmenschen betrieben, unser Redakteur ist eine alleinerziehende Mutter mit zwei Kindern zu Hause in Wisconsin, während unser Designer ein kürzlich entlassener Arbeiter ist.

Es würde unserem kleinen Unternehmen wirklich helfen, wenn Sie uns eine ehrliche Rezension über unser Buch <u>hier</u> hinterlassen könnten.

Ich danke Ihnen!